D1688805

Jahrbuch 2004

Jahrbuch der
Juristischen Gesellschaft Bremen
2004

EDITION TEMMEN

Die Deutsche Bibliothek – CIP-Einheitsaufnahme
Juristische Gesellschaft <Bremen>:
Jahrbuch der Juristischen Gesellschaft Bremen …. – Bd. 1. 2000 (Oktober 2000)–. –
Bremen : Ed. Temmen, 2000

Band 5, 2004

Redaktion:
Karl-Peter Neumann
Thomas Giegerich

Titelabbildung: Edition Temmen / Bernd Lasdin

© EDITION TEMMEN 2004
Hohenlohestr. 21 – 28209 Bremen
Tel. +49-421-34843-0
Fax +49-421-348094
info@edition-temmen.de
www.edition-temmen.de

Alle Rechte vorbehalten

ISBN 3-86108-094-X

Inhalt

Vorwort 6

Bertram Zwanziger
    Unternehmensverträge, Betriebsaufspaltung und Betriebsübergang 7

Stephan Hobe
    Das Weltraumrecht – Eine Einführung in eine nahezu unbekannte
    Rechtsordnung und ihre Probleme 25

Gunter Widmaier
    Gerechtigkeit: Aufgabe von Justiz und Medien? 43

Hermann Nehlsen
    Juristen – geschichtslose Technokraten? 53

Hans W. Micklitz
    Neuordnung des Rechts des unlauteren Wettbewerbs 66

Brun-Otto Bryde
    Demokratie und Global Governance – Regieren jenseits des Nationalstaates 89

Christoph Gusy
    Private und öffentliche Videoüberwachung in unseren Städten
    und informationelle Selbstbestimmung 103

Anhang 119

Vorwort

Der vorliegende 5. Band des Jahrbuchs der Juristischen Gesellschaft Bremen e.V. spiegelt das ausgesprochen umfangreiche Programm des Veranstaltungsjahres 2003/2004 in sehr repräsentativer Weise wider. Dieses Programm umfasste ein breites Spektrum an Fragestellungen von juristischen Grundlagenthemen bis hin zu hochaktuellen rechtspolitischen Themen und hat eine große Zahl von Zuhörern angesprochen.

Es ist besonders erfreulich und in dieser Größenordnung ein Novum, dass von den zehn Vorträgen nunmehr sieben auch in gedruckter Form vorgelegt werden können. Dafür sage ich den Autoren dieses Bandes meinen herzlichen Dank.

Des Weiteren gilt mein besonderer Dank auch der Sparkasse Bremen und der Rechtsanwaltssozietät Göhmann Wrede Haas, Bremen, die mit namhaften Druckkostenzuschüssen das Erscheinen dieses umfangreichen Bandes ermöglicht haben.

Bremen, im September 2004

Karl-Peter Neumann
1. Vorsitzender

Bertram Zwanziger

Unterrichtungspflichten und Vereinbarungen von arbeitsrechtlicher Bedeutung bei Umwandlung und Betriebsübergang

I. Einleitung

Umstrukturierungen sind immer noch an der Tagesordnung. Sie haben für Unternehmen und die dort beschäftigten Arbeitnehmer weitreichende Folgen. Die nachfolgenden Ausführungen sollen klären helfen, welche gesetzlichen Unterrichtungspflichten der Arbeitgeber bei Umwandlung und Betriebsübergang hat, welche individual- und kollektivvertraglichen Verträge er abschließen muss oder kann, um die Rechtslage zu gestalten, und welche Vereinbarungen auf die betroffenen Arbeitgeber oder Arbeitnehmer zurückfallen können.

II. Umwandlung und Betriebsübergang

1. Begriff der Umwandlung

Was eine Umwandlung ist, richtet sich nach dem UmwG. Dort nicht vorgesehene Formen der Umwandlung bedürfen einer ausdrücklichen gesetzlichen Grundlage (§ 1 Abs. 2 UmwG). Das UmwG unterscheidet zwischen dem bloßen Formwechsel (§§ 190 bis 304 – Fünftes Buch UmwG) und übertragenden Umwandlungen. Der Formwechsel ist ohne besondere Bedeutung, weil sich zwar die Rechtsform eines Rechtsträgers ändert, er aber erhalten bleibt. Probleme für Arbeitnehmer oder andere Gläubiger können sich nur dann ergeben, wenn durch den Formwechsel ein persönlich Haftender aus der Haftung entlassen wird. § 224 UmwG, der dann jedenfalls durch Verweisung anzuwenden ist, sieht in diesem Fall eine zeitlich auf fünf Jahre begrenzte Nachhaftung vor. Der Formwandel ist nicht Gegenstand der nachfolgenden Ausführungen.

Das Gesetz kennt folgende Formen der übertragenden Umwandlung:
- Verschmelzung (§§ 2 bis 122 – Zweites Buch UmwG). Sie kommt in zwei Formen vor: Bei der Aufnahme nimmt ein Rechtsträger einen anderen auf, der erlischt. Bei der Neugründung schließen sich mehrere Rechtsträger zusammen, die alten erlöschen. Der wirtschaftliche Ausgleich zwischen den Anteilseignern bzw. Inhabern erfolgt durch deren Beteiligung am verbleibenden Rechtsträger. Zum Zeitpunkt der Eintragung der Verschmelzung geht das Vermögen der erlöschenden, also übertragenden Rechtsträger einschließlich der Verbindlichkeiten auf den verbleibenden, übernehmenden Rechtsträger über (§§ 20 Abs. 1, 36 Abs. 1 UmwG).
- Spaltung (§§ 123 bis 173 – Drittes Buch UmwG). Das Gesetz sieht drei Formen der Spaltung vor: Die Aufspaltung hat zur Folge, dass der übertragende Rechtsträger erlischt; sein

Vermögen geht auf bestehende oder neu zu gründende Rechtsträger über. Die Anteilseigner des übertragenden Rechtsträgers erhalten Anteile der übernehmenden Rechtsträger. Bei der Abspaltung wird Vermögen auf einen oder mehrere bestehende oder neu gegründete Rechtsträger übertragen. Die Anteilseigner des übertragenden Rechtsträgers erhalten Anteile der übernehmenden. Die Ausgliederung unterscheidet sich von der Abspaltung nur dadurch, dass nicht die Anteilseigner des übertragenden Rechtsträgers, sondern dieser selber Anteile der übernehmenden Rechtsträger erhält. Rechtsfolge der Spaltung ist, dass die übertragenen Vermögensteile einschließlich der Verbindlichkeiten auf den übernehmenden Rechtsträger übergehen. Sie sind im Spaltungsvertrag zu benennen (§ 131 Abs. 1 Nr. 1 UmwG).

- Vermögensübertragung (§§ 174 bis 189 – Viertes Buch UmwG). Diese Form ist nur bei der Übertragung von Vermögen auf Bund, Länder oder Gebietskörperschaften sowie zwischen Versicherungen möglich. Gesetzlich vorgesehen ist die Übertragung des gesamten Vermögens – Vollübertragung – oder eines Teils – Teilübertragung. Als Gegenleistung werden nicht Gesellschaftsanteile übertragen, sondern andere Leistungen erbracht. Für die Vollübertragung gelten die Vorschriften über die Verschmelzung (§ 176 UmwG) und für die Teilübertragung die über die Spaltung (§ 177 UmwG). Auf diese Form der Umwandlung wird nicht mehr besonders eingegangen.

2. Begriff des Betriebsüberganges

Nach § 613a Abs. 1 Satz 1 BGB liegt ein Betriebsübergang immer dann vor, wenn ein Betrieb oder Betriebsteil durch Rechtsgeschäft auf einen anderen Inhaber übergeht. Diese Bestimmung setzt die Betriebsübergangsrichtlinie[1] um, so dass zu ihrer Auslegung auch die Rechtsprechung des EuGH heranzuziehen ist. Ob ein Betriebsübergang in diesem Sinne vorliegt, hängt danach allein davon ab, ob eine wirtschaftliche Einheit übertragen wird. Das wird anhand einer Gesamtbewertung überprüft, der ein umfassender Kriterienkatalog zugrunde liegt[2]. Wichtigste Rechtsfolge eines Betriebsüberganges ist, dass die davon betroffenen Arbeitsverhältnisse vom Veräußerer auf den Erwerber übergehen (§ 613a Abs. 1 Satz 1 BGB).

3. Betriebsübergang und Umwandlung

§ 613a BGB regelt nicht nur den Betriebsübergang und den Eintritt des Erwerbers in laufende Arbeitsverhältnisse, sondern auch das Schicksal der einzelnen Arbeitsbedingungen einschließlich ei-

---

[1] Richtlinie 2001/23/EG vom 12. März 2001 zur Angleichung von Rechtsvorschriften der Mitgliedsstaaten über die Wahrung von Ansprüchen der Arbeitnehmer beim Übergang von Betrieben oder Unternehmen oder Betriebsteilen; ABl. EG vom 22.3.2001 Nr. L 82 S. 16 ff., mit der frühere gleich lautende Richtlinien kodifiziert wurden.
[2] EuGH 11.3.1997 AP EWG-Richtlinie Nr. 77/187; zustimmend für den Übergang eines Betriebes BAG 22.1. 1998 AP BGB § 613 a Nr. 173 und 26.8.1999 NZA 2000, 144 ff. für eines Betriebsteiles; zusammenfassend nunmehr BAG 16.5.2002 AP BGB § 613 a Nr. 237.

nes Bestandsschutzes (Abs. 1 Sätze 2 bis 4), die Mithaftung des Veräußerers für Forderungen (Abs. 2), den Kündigungsschutz anlässlich des Betriebsüberganges (Abs. 4), die Unterrichtungspflicht gegenüber den Arbeitnehmern (Abs. 5) und das Widerspruchsrecht der Arbeitnehmer (Abs. 6). Während der Eintritt des übernehmenden Rechtsträgers in die Arbeitsverhältnisse auch auf umwandlungsrechtlicher Grundlage im Wege der im UmwG geregelten Rechtsnachfolge eintritt, wenn die gesetzlichen Voraussetzungen vorliegen, findet sich für die sonstigen im § 613a BGB geregelten Rechtsfolgen keine gleich gelagerte Vorschrift im Umwandlungsrecht. Das wirft die Frage auf, inwieweit § 613a BGB bei Umwandlungen anzuwenden ist.

Traditionell hatte das BAG angenommen, bei einer Verschmelzung, also einem Fall der Umwandlung, erfolge der Betriebsübergang im Wege der Gesamtrechtsnachfolge durch Gesetz. § 613a BGB finde deshalb keine Anwendung[3]. Das entspricht zumindest jetzt nicht mehr der Rechtslage: § 324 UmwG bestimmt, dass § 613a Abs. 1 sowie Abs. 4 bis 6 BGB durch die Rechtswirkungen einer Verschmelzung, Spaltung oder Vermögensübertragung unberührt bleibt. Darin ist nach allgemeiner Meinung die gesetzliche Entscheidung zu sehen, dass bei Vorliegen der Voraussetzungen des § 613a BGB diese Vorschrift auch bei Umwandlungen gilt[4]. Allerdings verweist § 324 UmwG nicht auf § 613a Abs. 2 BGB, so dass sich die Haftung des übertragenden Rechtsträgers für Forderungen allein nach Umwandlungsrecht richtet; für den Fall, dass der übertragende Rechtsträger erlischt, ist dessen Haftung zudem nach § 613a Abs. 3 BGB ausdrücklich ausgeschlossen[5]. Regelungen über die Nachhaftung finden sich in §§ 133, 134 für die Spaltung[6].

Das lässt die Möglichkeit offen, dass ein Arbeitsverhältnis unmittelbar auf umwandlungsrechtlicher Grundlage übergeht,[7] ohne dass ein Betriebsübergang vorliegt. Für diesen Fall stellt sich aber die Frage, ob eine entsprechende Anwendung der bei Umwandlung unberührt bleibenden Absätze des § 613a BGB anzunehmen ist.

4. Vereinbarungen zum Übergang

Dass nach den genannten gesetzlichen Vorschriften das Arbeitsverhältnis vom ursprünglichen Arbeitgeber auf den übernehmenden Rechtsträger bzw. den Erwerber übergeht, lässt die Möglichkeit der Arbeitsvertragsparteien, aus diesem Anlass ihr Arbeitsverhältnis durch vertragliche Vereinbarung zu beenden, unberührt[8]. Unzulässig sind jedoch Vereinbarungen, wonach das Arbeitsverhältnis zwar fortgesetzt, aber als unterbrochen behandelt wird[9].

---

[3] BAG 24.2.1981 AP BGB § 613a Nr. 24.
[4] BAG 25.5.2000 NZA 2000, 1115; offen gelassen BAG 6.8.2002 AP BetrVG § 112 Nr. 154.
[5] Zwanziger in Kittner/Däubler/Zwanziger KSchR 5. Aufl. § 324 UmwG Rn. 1, m. umfassenden Nachw.
[6] Vgl. Willemsen in Willemsen u.a., Umstrukturierung 2. Aufl. G Rn. 217 ff.
[7] BAG 6.8.2002 AP BetrVG § 112 Nr. 154.
[8] BAG 11.12.1997 NZA 1999, 262 ff.
[9] BAG 28.4.1997 AP BetrAVG § 1 – Betriebsveräußerung Nr. 5.

III. Vereinbarungen als Grundlage für Umwandlung und Betriebsübergang und Unterrichtungspflichten

1. Vereinbarungen als Grundlage

a) Umwandlung
aa) Grundsätze

Umwandlungen bedürfen zu ihrer Wirksamkeit eines entsprechenden Vertrages. Das folgt für die Verschmelzung aus § 5 UmwG und für die Spaltung aus § 126 UmwG. Grundsätzlich ist es möglich, gegen die Wirksamkeit des einer vertraglichen Regelung über die Umwandlung zugrunde liegenden Beschlusses der beteiligten Rechtsträger zu klagen (§§ 14, 125 UmwG), was dann auch die entsprechenden Vereinbarungen hinfällig macht (§ 13, 125 UmwG). Dieses Recht steht dem Betriebsrat nicht zu, da er im zivilgerichtlichen Verfahren nicht parteifähig ist[10].

Von arbeitsrechtlicher Bedeutung sind zwei gesetzlich vorgeschriebene Inhalte der umwandlungsrechtlich erforderlichen Verträge: Zum einen muss in diesen Vereinbarungen festgehalten werden, dass und – bei der Spaltung – welches Vermögen übergehen soll (§ 5 Abs. 1 Nr. 2 UmwG für die Verschmelzung; § 126 Abs. 1 Nr. 9 UmwG für die Spaltung). Zum anderen sind die Folgen für die Arbeitnehmer und ihre Vertretungen sowie die insoweit vorgesehenen Maßnahmen aufzunehmen (§ 5 Abs. 1 Nr. 9 UmwG für die Verschmelzung und § 126 Abs. 1 Nr. 10 UmwG für die Spaltung).

bb) Vermögensübernahme

Bei der Verschmelzung ist die Regelung, dass das Vermögen übergeht, nicht weiter problematisch. Mit dem gesamten Vermögen gehen auch die Arbeitsverhältnisse vom übertragenden auf den übernehmenden Rechtsträger über. Schwieriger ist die Beurteilung der Wirkung der Aufnahme der Vermögensgegenstände bei der Spaltung. Durch die Aufnahme in den Spaltungsvertrag wird nämlich an sich bestimmt, welche Gegenstände beim übertragenden Rechtsträger verbleiben und welche übergehen und auf welchen übernehmenden Rechtsträger. Damit besteht an sich auch die Möglichkeit, im Spaltungsvertrag festzulegen, welche Arbeitsverhältnisse wohin übergehen. Eine derartige Schlussfolgerung vertrüge sich jedoch nicht mit der gesetzlichen Wertung in § 323 Abs. 2 UmwG und dem Grundrecht der Berufsfreiheit (Art. 12 GG):

Nach § 323 Abs. 2 UmwG ist dann, wenn im Zusammenhang mit einer Umwandlung in einem Interessenausgleich die Arbeitnehmer einem bestimmten Betriebsteil zugeordnet werden, diese Zuordnung vom Arbeitsgericht nur auf grobe Fehlerhaftigkeit überprüfbar. Die Vorschrift ist nur verständlich, wenn die Zuordnung von Arbeitnehmern sonst voll arbeitsgerichtlich kontrollierbar ist. Das wiederum bedeutet, dass die Zuordnung an rechtliche Kriterien gebunden ist und nicht im

---

[10] OLG Naumburg 6.2.1997 NZA-RR 1997, 177.

Spaltungsvertrag verbindlich und einseitig festgelegt werden kann[11]. Auszugehen ist deshalb von den zu § 613a BGB entwickelten Kriterien. Danach kommt es darauf an, ob ein Arbeitnehmer ganz oder überwiegend für eine Betriebsabteilung gearbeitet hat[12]. Arbeitnehmer in Stabsabteilungen sind dieser und nicht solchen Abteilungen, denen sie zugearbeitet haben, zuzuordnen[13]. Geht bei der Umwandlung kein Betriebsteil über, sondern wird ein solcher aufgeteilt, kommt es wohl darauf an, mit welchen übergehenden sonstigen Vermögenswerten die Tätigkeit des Arbeitnehmers am engsten verbunden war. Im Zweifel geht das Arbeitsverhältnis nicht über[14] oder verbleibt bei der Aufspaltung bei den Stabsabteilungen, deren rechtliches Schicksal allerdings im Spaltungsvertrag zu regeln ist. Gründe, hier ein einseitiges Wahlrecht des Arbeitgebers oder Arbeitnehmers[15] oder ein Bestimmungsrecht des Arbeitgebers nach § 315 BGB[16] anzunehmen, gibt es nicht.

Wird ein Interessenausgleich nach § 324 UmwG geschlossen, verbleibt es zwar bei den rechtlichen Kriterien für die Überprüfung, die gerichtliche Kontrolldichte lockert sich jedoch. Abzustellen ist darauf, ob die Zuordnung gemessen an den gesetzlichen Maßstäben vertretbar erscheint[17]. Endgültige Sicherheit kann nur durch eine dreiseitige Vereinbarung zwischen übertragendem und übernehmendem Rechtsträger sowie mit dem Arbeitnehmer geschaffen werden[18].

Selbst wenn eine solche Zuordnung richtig getroffen wurde, ist sie für den Arbeitnehmer aber nicht verbindlich. § 613a Abs. 6 BGB räumt ihm nämlich unter dort näher geregelten Voraussetzungen ein Widerspruchsrecht gegen den Betriebsübergang ein. Die Bestimmung legt nur das nieder, was das BAG bereits vorher aus dem Grundrecht der Berufsfreiheit, das durch Art. 12 GG geschützt ist, abgeleitet hat[19]. Wegen dieses Hintergrundes ist die Regelung entsprechend anzuwenden, wenn zwar ein Rechtsübergang kraft Umwandlung, aber kein Betriebsübergang vorliegt. Zudem bestimmt § 132 Satz 1 UmwG für die Spaltung, dass allgemeine Grundsätze, wonach Gegenstände nicht übertragbar sind, durch das Umwandlungsrecht nicht berührt werden. Damit gilt auch § 613 Satz 2 BGB, wonach der Anspruch auf die Dienste im Zweifel nicht übertragbar ist[20].

Der Widerspruch bedarf keines sachlichen Grundes[21], kann aber für den Arbeitnehmer mit Rechtsnachteilen bis hin zur Kündigung verbunden sein[22].

---

[11] Ähnlich in einer frühen Phase des Gesetzgebungsverfahrens der historische Gesetzgeber: BT-Drs. 12/6699, S. 121.
[12] BAG 20.2.1982 AP BGB § 613a Nr. 31 und bereits 15.11.1978 AP BGB § 613a Nr. 14.
[13] EuGH 7.2.1985 Slg 1985, 519 ff.; BAG 8.8.2002 NZA 2003, 315 ff. sowie 13.11.1997 AP BGB § 613a Nr. 170.
[14] Willemsen in Willemsen u.a. Umstrukturierung 2. Aufl. G Rn. 141.
[15] Dazu die Nachweise bei APS- Staffan § 613a BGB Rn. 82.
[16] So aber Gaul, Das Arbeitsrecht bei Betriebs- und Unternehmensspaltung, § 12 Rn. 86 ff.
[17] Zwanziger in Kittner/Däubler/Zwanziger KSchR 5. Aufl. Rn 19. Entgegen einer weit verbreiteten Ansicht – Nachweise a.a.O. Rn. 20 – geht es nicht um eine Beweislastfrage.
[18] BAG 18.3.1997 AP BetrAVG §1 Nr. 16.
[19] BAG 22.4.1993 AP BGB § 613a Nr. 102.
[20] Boecken, Unternehmensumwandlungen Rn. 104 ff., a.A. Kallmeyer/Willemsen § 324 UmwG Rn. 22.
[21] BAG 19.3.1998 AP BGB § 613a Nr. 177; a.A. APS – Steffan § 613a Rn. 105 m. Nachw.
[22] Überblick bei Bachner in Kittner/Zwanziger, Arbeitsrecht, 2. Aufl. § 115 Rn. 31 ff.

Ist der frühere Arbeitgeber durch die Umwandlung erloschen, führt dies dazu, dass das Arbeitsverhältnis mit dem Widerspruch endet[23]. Zwar wird die Ansicht vertreten, der Arbeitnehmer müsse sich auf eine außerordentliche Kündigung verweisen lassen[24]. Das ist aber zumindest im Hinblick auf die verfassungsrechtlichen Vorgaben abzulehnen. Die Lösungsmöglichkeit führt aber nicht dazu, dass auch die nachvertraglichen gegenseitigen Pflichten z.B. aus einem nachvertraglichen Wettbewerbsverbot (§§ 110 GewO, 74 ff. HGB) oder auf Zeugniserteilung (§ 109 GewO) enden. Diese haben ihre Grundlage darin, dass einmal ein Arbeitsverhältnis bestand, was sich durch den Widerspruch nicht ändert. Sie entstehen gegenüber und obliegen dem übernehmenden Rechtsträger, auf den das Arbeitsverhältnis ohne den Widerspruch übergegangen wäre[25].

Eine Besonderheit gilt in der betrieblichen Altersversorgung. Hier bedarf die vertragliche Übertragung der Leistungsverpflichtung der Zustimmung des Arbeitnehmers und darf nur von dem Unternehmen, von dem er beschäftigt wird, und bestimmten anderen Unternehmen übernommen werden (§ 4 Abs. 1 BetrAVG). In allen anderen Fällen ist die Übertragung dem Arbeitnehmer gegenüber unwirksam. Hier wird angenommen, dass das UmwG als Spezialregelung vorgeht[26]. Dafür spricht, dass der Gesetzgeber des UmwG für die Spaltung von Anlage- und Betriebsgesellschaft unter gewissen Voraussetzungen eine Mithaftung der Anlagegesellschaft für die betriebliche Altersversorgung der bei der Betriebsgesellschaft tätigen Arbeitnehmer vorgesehen hat (§ 134 Abs. 2 UmwG). Den Gefahren der Übertragung entsprechender Verbindlichkeiten wurde deshalb an anderer Stelle Rechnung getragen.

cc) Folgen für die Arbeitnehmervertretungen sowie für die Arbeitnehmer und die geplanten Maßnahmen

(1) Folgen für die Arbeitnehmervertretungen

In den der Umwandlung zugrunde liegenden Vertrag sind die Folgen für die Arbeitnehmervertretungen aufzunehmen. Das betrifft den Betriebsrat. Er bleibt im Amt, solange die Identität des Betriebes gewahrt ist[27]. Durch den Übergang der Arbeitsverhältnisse können aber sowohl die Zahl der Betriebsratsmitglieder als auch die Zahl der beschäftigten Arbeitnehmer so zurückgehen, dass Neuwahlen erforderlich werden (§ 13 Abs. 1 Nr. 1 und 2 BetrVG). Verliert der Betrieb seine Identität, erlischt im Grundsatz auch das Betriebsratsamt. Ebenso verliert der Betriebsrat seine Zuständigkeit für Arbeitnehmer, die aus dem Betrieb ausscheiden. Für diese Fallgestaltungen hat der Gesetzgeber in § 21a BetrVG ein Übergangsmandat geschaffen. Hinsichtlich der Gesamt- und Konzernbetriebsräte ändert sich im Grundsatz nichts. Durch das Ausscheiden von Betrieben oder von

---

[23] ArbG Münster 14.4.2000 DB 2000, 1182;. m. Nachw.
[24] Willemsen in Willemsen u.a. Umstrukturierungen 2. Aufl. G Rn. 178 ff.
[25] Zwanziger in Kittner/Däubler/Zwanziger § 324 UmwG Rn. 4.
[26] Vgl. Gaul, Das Arbeitsrecht bei Betriebs- und Unternehmensspaltung, § 35 Rn. 18 ff.
[27] Vgl. BAG 21.1.2003 – 1 ABR 9/02 –.

Betriebsratsmitgliedern kann sich jedoch ihre konkrete Zusammensetzung ändern (§§ 49 und 57 BetrVG).

Hinsichtlich des Sprecherausschusses gilt nur, dass bei einem Identitätswechsel des Betriebes seine Amtszeit endet und kein Sprecherausschuss mehr besteht. Er ist dann neu zu wählen (§ 5 Abs. 2 Nr. 1 SprAuG). Regeln für die Neuwahl bei einer Änderung der Zahl der leitenden Angestellten und einem Ausscheiden von Sprecherausschussmitgliedern gibt es nicht. Ebenso fehlen Regeln zum Übergangsmandat.

(2) Folgen für die Arbeitnehmer und im Hinblick darauf geplante Maßnahmen
Folgen für die Arbeitnehmer sind neben der Tatsache des Überganges des Arbeitsverhältnisses mögliche Änderungen der Arbeitsbedingungen[28], das Schicksal von Kollektivvereinbarungen[29], das Unterschreiten von Schwellenwerten mit arbeitsrechtlicher Bedeutung nach dem BetrVG und dem KSchG[30] sowie alle Auswirkungen, die einen konkreten Bezug zum Arbeitsverhältnis haben[31] oder die Umstände der Arbeitsleistung betreffen[32]. Ergänzend ist über die Möglichkeit des Widerspruchs und seine Auswirkungen zu unterrichten[33].

Zu den insoweit geplanten Maßnahmen gehören solche, die bereits im Zusammenhang mit der Umwandlung zielgerichtet geplant sind[34] wie z.B. ins Auge gefasste Kündigungen[35]. Fraglich ist, ob darüber hinaus auch lediglich absehbare Folgen mitzuteilen sind[36] oder ob dies nicht der Fall ist und der Arbeitgeber die Entscheidung über die Folgen einfach den neu strukturierten Rechtsträgern überlassen kann[37]. Richtigerweise muss alles offen gelegt werden, was aus der mit der Umwandlung verbundenen wirtschaftlichen Zielsetzung folgt und bereits absehbar ist. Spekulationen müssen nicht angestellt werden. Anzugeben sind damit die hinter der Umwandlung stehenden wirtschaftlichen Überlegungen und deren Folgen[38].

Die Pflicht, diese Angaben in den Vertrag aufzunehmen, entfällt nach dem klaren Wortlaut des Gesetzes nicht deshalb, weil kein Betriebsrat besteht[39]. Das kann Sinn machen, um derartige Belange in den gesellschaftsrechtlichen Entscheidungsprozess einzubeziehen.

---

[28] Wulff AiB 2002, 594, 595.
[29] Henke FA 2002, 263, 266 f.
[30] Krügermeyer-Kalthoff MDR 2003, 541, 543.
[31] Laber/Roos ArbRB 2002, 268, 270.
[32] Grobys BB 2002, 726, 728.
[33] Worzalla NZA 2002, 254, 355; a.A. Gaul FA 2002, 299, 300.
[34] Grobys BB 2002, 726, 728; Willemsen/Lembke NJW 2002, 353, 355.
[35] Gaul/Otto DB 2002, 634, 635.
[36] So z.B. Fitting/Kaiser/Heither/Engels/Schmidt, 21. Aufl. § 1 BetrVG Rn. 169 m. Nachw.
[37] So z.B. Willemsen in Willemsen u.a. Umstrukturierungen 2. Aufl. C Rn. 371 ff.
[38] OLG Düsseldorf 15.5.1998 NZA 1998, 766, 767.
[39] Willemsen in Willemsen u.a. Umstrukturierungen 2. Aufl. C Rn. 359 m. Nachw.

(3) Rechtsfolgen unterbliebener Aufnahme der Angaben

Nach dem Willen des historischen Gesetzgebers dient die Pflicht zur Aufnahme dieser Angaben der Information der Arbeitnehmer und ihrer Vertretungen, um bereits im Vorfeld eine möglichst sozialverträgliche Durchführung der Umwandlung zu erleichtern[40]. Daraus wird geschlossen, dass die so in den Vertrag aufgenommenen Regelungen keine Erfüllungsansprüche auslösen können[41]. Dem kann so nicht zugestimmt werden, weil es dem historischen Gesetzgeber neben der Information auch um die sozialverträgliche Durchführung von Umwandlungen ging. Zumindest dann, wenn ausnahmsweise die Voraussetzungen eines Vertrages zugunsten Dritter (§ 328 BGB) vorliegen, können auch Individualansprüche gegeben sein.

Die Angaben in der vertraglichen Grundlage der Umwandlung müssen vollständig sein, damit eine Eintragung erfolgen kann[42]. Das gilt auch für den arbeitsrechtlichen Teil[43].

b) Betriebsübergang

Ein Betriebsübergang löst die in § 613a BGB vorgesehenen Folgen nur aus, wenn er durch Rechtsgeschäft erfolgt. Dazu reicht jeder Übergang im Rahmen vertraglicher Beziehungen aus[44]. Es kommt darauf an, ob sich im Zusammenhang mit dem Betriebsübergang ein rechtliches Band zwischen Veräußerer und Erwerber – auch durch Dritte vermittelt; Betriebsübergang in zwei Stufen – herstellen lässt[45]. Die Rechtsgeschäfte müssen insgesamt dazu dienen, einen funktionsfähigen Betrieb zu erwerben[46], was weit auszulegen ist[47]. Auch der Rückfall eines Betriebes bzw. einer wirtschaftlichen Einheit z.B. nach Ablauf eines Vertrages reicht aus[48]. Der Vertrag muss nicht wirksam sein. Auch wenn einer der Partner geschäftsunfähig war[49] oder eine missglückte Umwandlung vorliegt, ist ein Rechtsgeschäft im Sinne des § 613a Abs. 1 Satz 1 BGB gegeben[50]. Nicht geklärt ist, inwieweit staatliche Akte und ein Gesetz als Rechtsgeschäft in diesem Sinne zu behandeln sind[51].

---

[40] BT-Drs. 12/6699 S. 82 f.
[41] Willemsen in Willemsen u.a. Umstrukturierungen 2. Aufl. Rn. 376; im Ergebnis ebenso Gaul, Das Arbeitsrecht bei Betriebs- und Unternehmensspaltung § 29 Rn. 131.
[42] BayObLG 5.7.1996 DB 1996, 1814.
[43] OLG Düsseldorf 15.5.1998 NZA 1998, 766, 767.
[44] EuGH 11.3.1997 AP EWG-Richtlinie 77/187 Nr. 14.
[45] EuGH 11.3.1997 AP EWG-Richtlinie 77/187 Nr. 14; BAG 11.12.1997 AP BGB § 613a Nr. 172.
[46] BAG 22.5.1985 AP BGB § 613a Nr. 43.
[47] BAG 27.7.1994 AP BGB § 613a Nr. 118.
[48] Vgl. EuGH 10.12.1998 NZA 1999, 253 ff. und BAG 27.4.1995 AP BGB § 613a Nr. 128.
[49] BAG 6.2.1985 AP BGB § 613a Nr. 44; ablehnend KR-Pfeiffer § 613a BGB Rn. 40.
[50] BAG 30.6.1994 AP Einigungsvertrag Art. 22 Nr. 1.
[51] Dazu EuGH 14.9.2000 NZA 2000, 1279 ff. und LAG Niedersachsen 31.8.2001 NZA-RR 2002, 630 eher bejahend einerseits; BAG 19.1.2000 NZA 2000, 1170 und 13.11.2002 AP AVR Caritasverband § 1 Nr. 2 andererseits.

2. Unterrichtungspflichten

a) Umwandlungsrechtliche

Die der Umwandlung zugrunde liegenden Verträge bzw. Vertragsentwürfe sind – was dann auch die arbeitsrechtlichen Angaben erfasst – spätestens einen Monat vor den Versammlungen der maßgeblichen Rechtsträger dem zuständigen Betriebsrat zuzuleiten (§§ 5 Abs. 3, 126 Abs. 3 UmwG). Zuständig ist – soweit er gebildet ist – der Gesamtbetriebsrat, da die Umwandlung immer das Gesamtunternehmen betrifft (§ 50 Abs. 1 BetrVG). Der Betriebsrat kann auf die Einhaltung der Frist, aber nicht auf die Zuleitung verzichten[52].

Besteht kein Betriebsrat, entfallen auch die Unterrichtungspflichten[53].

b) Betriebsübergangsrechtliche

§ 613a Abs. 5 BGB sieht für den Fall des Betriebsüberganges besondere Unterrichtungspflichten vor. Die Unterrichtung ist nicht an den Betriebsrat, sondern an die Arbeitnehmer zu richten. Wegen der gleich gerichteten Interessenlage ist die Bestimmung analog anzuwenden, wenn Arbeitsverhältnisse auf umwandlungsrechtlicher Grundlage übergehen, ohne dass die Voraussetzungen eines Betriebsüberganges vorliegen. Die Unterrichtung hat in Textform (§ 126b BGB) zu erfolgen. Inhaltlich gilt Folgendes:

Zu unterrichten ist zunächst über den Zeitpunkt des Überganges (Nr. 1). Verschiebt der sich, so ist die Unterrichtung zu wiederholen[54]. Ferner ist über den Grund des Überganges zu unterrichten (Nr. 2). Da die zugrunde liegende Betriebsübergangsrichtlinie in ihrer englischen Fassung von »reason« spricht und nicht von »legal basis«, reicht es nicht aus, nur über den Rechtsgrund zu unterrichten, sondern es sind auch über die wirtschaftlichen Hintergründe Angaben zu machen[55]. Die zusätzlich verlangte Unterrichtung über die wirtschaftlichen und sozialen Folgen des Überganges für die Arbeitnehmer und die in Aussicht genommenen Maßnahmen (Nr. 3 und 4) entspricht den in der vertraglichen Grundlage der Umwandlung geforderten Angaben (oben III 1 a cc (2)).

Die Unterrichtungspflicht besteht sowohl für den Veräußerer als auch für den Erwerber. Die Unterrichtung durch den einen wirkt auch zugunsten des anderen[56]. Die Unterrichtung hat vor dem Übergang zu erfolgen, kann aber später nachgeholt werden[57]. Sie hat gegenüber den Arbeitnehmern zu erfolgen, deren Betrieb oder Betriebsteil übergeht[58]. Sie muss so vollständig erfolgen,

---

[52] Willemsen in Willemsen u.a. Umstrukturierungen 2. Aufl. C Rn. 360 f.
[53] Willemsen in Willemsen u.a. Umstrukturierungen 2. Aufl. C Rn. 358.
[54] Worzalla NZA 2002, 353, 354; a.A Gaul FA 2002, 299, 300.
[55] Ebenso Wullf AiB 2002, 594; Bachner in Kittner/Zwanziger, Arbeitsrecht 2. Aufl. § 115 Rn. 30d; a.A. Worzalla NZA 2002, 354, 355.
[56] Laber/Roos ArbB 2002, 268 ff.
[57] Vgl. BT-Drs. 14/7760 S. 20; a.A. Bauer/v. Steinau-Steinrück ZIP 2002, 594, 596.
[58] Franzen RdA 2002, 258, 264.

wie dies dem Unterrichtenden möglich ist[59]. Es wird die Ansicht vertreten, bei einer widersprüchliche Unterrichtung reiche es, wenn eine korrekt ist[60]. Das ist zumindest dann zweifelhaft, wenn für den Arbeitnehmer auch nach zumutbaren Erkundigungen nicht erkennbar ist, wie sich der Sachverhalt und seine rechtliche Bewertung tatsächlich darstellten.

Die Unterrichtungspflicht gibt dem Arbeitnehmer zwar keinen entsprechenden Anspruch. Sie stellt jedoch eine Obliegenheit dar[61]. Das hat zur Folge, dass eine irreführende Unterrichtung zu Schadenersatzpflichten führen kann[62]. Ggf. ist der Arbeitnehmer so zu stellen, als hätte er einen Widerspruch nicht ausgeübt. Falsche Angaben können zudem dazu führen, dass der Widerspruch wegen arglistiger Täuschung nach § 123 BGB angefochten werden kann[63]. Bei fehlender Unterrichtung laufen zudem Ausschlussfristen gegenüber dem Erwerber noch nicht. Die frühere gegenteilige Rechtsprechung[64] ist überholt. Ob eine fehlerhafte Unterrichtung durch einen der beteiligten Arbeitgeber diese Folgen auslöst, wenn der andere korrekt unterrichtet hat, hängt davon ab, inwieweit die Arbeitnehmer sich daraufhin ein Bild von der tatsächlichen Sach- und Rechtslage machen konnten.

Ausdrücklich angeordnet ist in § 613a Abs. 6 BGB, dass die einmonatige Frist zur Ausübung des Widerspruchsrechtes erst mit der Unterrichtung beginnt. Entgegen einer verbreiteten Meinung[65] kommt es darauf an, ob die Unterrichtung inhaltlich vollständig war. Vereinbarungen allein mit dem Erwerber, dass das Arbeitsverhältnis nicht übergehen soll, wirken zuungunsten des Veräußerers nur, wenn sie innerhalb der Widerspruchsfrist abgeschlossen sind[66]; genau innerhalb dieser Frist würde ja auch ein einseitiger Widerspruch des Arbeitnehmers gegenüber dem Erwerber dem Betriebsübergang entgegenstehen.

Vereinbarungen über den Verzicht auf den Widerspruch wirken nur nach ordnungsgemäßer Unterrichtung, weil sonst deren Zweck vereitelt würde[67]. Sie bedürfen ebenso wie der Widerspruch der Schriftform. Daher stehen auch bloß mündliche Aussagen des Arbeitnehmers, er wolle dem Betriebsübergang nicht widersprechen, einem späteren Widerspruch nicht entgegen[68].

---

[59] Laber/Roos ArbRB 2002, 268, 269.
[60] Bauer/v. Steinau-Steinrück ZIP 2002, 457, 459.
[61] Willemsen/Lembke NJW 2002, 1159, 1161; a.A. Bauer/v. Steinau-Steinrück ZIP 2002, 457, 459.
[62] Gaul/Otto DB 2002, 634, 639 f.; Willemsen/Lembke NJW 2002, 1159, 1164; Franzen RdA 2002, 258, 267.
[63] Franzen RdA 2002, 258, 269; Willemsen/Lembke 2002, 1159, 1164.
[64] BAG 13.2.2003 AP BGB § 613a Nr. 244; 12.12. 2000 AP TVG § 4 Ausschlussfristen Nr. 154.
[65] Grobys BB 2002, 726, 728; einschränkend auch Laber/Roos ArbRB 2002, 303, 305.
[66] LAG Hamm 4.6.2002 NZA-RR 2003, 293.
[67] Ähnlich Groby BB 2002, 726, 728; abweichend Bauer/v. Steinau-Steinrück ZIP 2002, 457, 464; Laber/Roos ArbRB 2002, 268, 306; Gaul FA 2002, 299, 301; Worzalla NZA 2002, 353, 357.
[68] Gaul FA 2002, 299, 301; a.A. noch zum alten Recht BAG 19.3.1998 AP BGB § 613a Nr. 177 und 22.4.1993 AP BGB § 613a Nr. 103.

c) Betriebsverfassungsrechtliche

Unterrichtungspflichten nach § 111 BetrVG werden in Betrieben mit in der Regel mehr als 20 wahlberechtigten Arbeitnehmern ausgelöst, wenn die Umwandlung oder der Betriebsübergang gleichzeitig eine Betriebsänderung im Sinne dieser Vorschrift darstellt. Ist das nicht der Fall, ergeben sich Unterrichtungspflichten aus der allgemein geltenden Vorschrift in § 80 Abs. 1 Nr. 1 und Abs. 2 BetrVG[69]. Damit ist den europarechtlichen Pflichten aus Art. 7 Abs. 3 und 5 der Betriebsübergangsrichtlinie Rechnung getragen. Selbst rein gesellschaftsrechtliche Vorgänge, wie es die Umwandlung sein kann, lösen zudem die Unterrichtungspflicht gegenüber dem Wirtschaftsausschuss aus (§ 106 Abs. 2, Abs. 3 Nr. 10 BetrVG)[70]. Dieser ist in jedem Fall über die Zusammenlegung oder Spaltung von Unternehmen oder Betrieben zu unterrichten (§ 106 Abs. 3 Nr. 8 BetrVG).

IV. Schicksal von Vereinbarungen bei Umwandlung oder Betriebsübergang

1. Kollektivrechtliche Vereinbarungen

a) Grundsätze

§ 613a BGB enthält in Absatz 1 Sätze 2 bis 4 Regeln darüber, was mit Kollektivregeln beim Betriebsübergang passiert. Diese Bestimmungen gelten wegen der gleichen Interessenlage auch bei einem umwandlungsrechtlichen Übergang des Arbeitsverhältnisses, selbst wenn die Voraussetzungen des Betriebsüberganges nicht vorliegen[71]. Es handelt sich um Auffangvorschriften, die nur dann gelten, wenn die kollektivrechtlichen Voraussetzungen für die Weitergeltung einer Norm – sei es Tarifvertrag, sei es Betriebsvereinbarung – nicht mehr gegeben sind[72]. Bevor deshalb auf diese Regeln zurückgegriffen wird, ist immer festzustellen, ob nicht ein kollektivrechtlicher Grund für die Weitergeltung vorliegt. Soweit von Betriebsvereinbarungen die Rede ist, meint das Gesetz auch Gesamt- und Konzernbetriebsvereinbarungen.

b) Kollektivrechtliche Weitergeltung

aa) Tarifverträge

Tarifverträge gelten weiter, wenn trotz der Umwandlung oder des Betriebsüberganges weiterhin eine beiderseitige Tarifgebundenheit vorliegt, weil auch der neue Arbeitgeber im Arbeitgeberverband ist oder sich selbst an einen Firmentarifvertrag bindet (§ 3 Abs. 1 TVG) und der Betrieb weiterhin dem betrieblichen Geltungsbereich des Tarifvertrages unterfällt. Gleiches gilt, wenn weiterhin die Voraussetzungen der Anwendung eines allgemeinverbindlichen Tarifvertrages (§ 5 TVG) gegeben sind.

---

[69] Vgl. APS-Steffan § 613a BGB Rn. 157 f. und Müller-Knapp AiB 2003, 416 ff.
[70] Für den Verkauf von Gesellschaftsanteilen BAG 22.1.1991 AP BetrVG 1972 § 106 Nr. 9.
[71] Kallmeyer/Willemsen § 324 UmwG Rn. 23.
[72] BAG 24.6.1998 DB 1999, 290 f.; 27.7.1994 AP BetrVG § 613a Nr. 118.

Umwandlungsrechtlich gibt es eine Besonderheit: Da der übernehmende Rechtsträger zumindest partieller Gesamtrechtsnachfolger des übertragenden Rechtsträgers ist, gehen auch die Rechte und Pflichten aus einem Firmentarifvertrag einschließlich der Tarifbindung auf ihn über[73]. Das ist auf den »einfachen« Betriebsübergang nicht zu übertragen, da hier keine Gesamtrechtsnachfolge vorliegt. Ebenso wenig ist es auf die Fälle zu übertragen, in denen der Tarifvertrag beim übertragenden Rechtsträger bzw. Veräußerer als Verbandstarifvertrag gilt. Die Verbandsmitgliedschaft geht nicht auf einen Rechtsnachfolger über, selbst nicht bei Gesamtrechtsnachfolge[74]. Gründe, warum in diesen Fällen ein allgemeinverbindlicher Tarifvertrag weiter gelten sollte, wenn sein Geltungsbereich verlassen wird, sind ebenfalls nicht ersichtlich. Eine entsprechende Anwendung von Normen des TVG, die in anderen Fällen eine Weitergeltung (§ 3 Abs. 3 TVG) oder eine Nachwirkung (§ 4 Abs. 5 TVG) anordnen, kommt nicht in Betracht, weil § 613a BGB für die Probleme eine sachnahe Regelung enthält. Für eine Weitergeltung des Tarifvertrages auf kollektivrechtlicher Grundlage fehlt es deshalb an einer Rechtsgrundlage[75].

bb) Betriebsvereinbarungen
Betriebsvereinbarungen sind wie das BetrVG (§ 1) auf den Betrieb bezogen. Sie gelten deshalb unabhängig davon, ob der Arbeitgeber als Inhaber des Betriebes wechselt, so lange weiter, wie die Identität des Betriebes erhalten bleibt[76]. Soweit Betriebsteile ausgegliedert und selbständig fortgeführt werden, verbleibt es ebenfalls dabei, dass Betriebsvereinbarungen normativ weiter gelten[77]. In anderen Fällen gelten sie normativ nicht weiter.

Auch Gesamtbetriebsvereinbarungen sind auf den Betrieb bezogen. Sie gelten deshalb weiter, wenn einzelne Betriebe oder Betriebsteile aus dem Unternehmen ausscheiden, ohne dass sie in andere Betriebe eingegliedert werden. Soweit mehrere Betriebe aus dem Unternehmen ausscheiden, gelten sie als Gesamtbetriebsvereinbarung, ansonsten als Betriebsvereinbarung weiter[78]. Soweit im übernehmenden Unternehmen bereits ein Gesamtbetriebsrat besteht, kommt nur eine Weitergeltung als Einzelbetriebsvereinbarung in Betracht. Für Konzernbetriebsvereinbarungen gelten die gleichen Grundsätze.

Beim aufnehmenden Unternehmen bestehende Gesamt- oder Konzernbetriebsvereinbarungen, die inhaltlich den beim alten Arbeitgeber abgeschlossenen Betriebsvereinbarungen jeder Ebene entgegenstehen, gehen vor[79].

---

[73] BAG 24.6.1998 AP UmwG § 20 Nr. 1.
[74] BAG 13.7.1994 AP TVG § 3 Verbandszugehörigkeit Nr. 14; 13.9.1994 AP TVG § 1 Rückwirkung Nr. 11.
[75] A.A. Däubler RdA 2002, 303 ff.
[76] BAG 27.7.1994 AP BGB § 613a Nr. 118.
[77] BAG 18.9.2002 AP BetrVG 1972 § 77 Nr. 93.
[78] BAG 18.9.2002 AP BetrVG 1972 § 77 Nr. 93.
[79] Zwanziger in Kittner/Däubler/Zwanziger KSchR 5. Aufl. § 613a Rn. 75a.

c) Individualrechtliche Weitergeltung

aa) Voraussetzungen

Liegen die Voraussetzungen der kollektivrechtlichen Weitergeltung nicht vor, so ist auf die Auffangvorschriften in § 613a Abs. 1 Sätze 2 bis 4 BGB zurückzugreifen. Danach werden diese Regelungen Inhalt des Arbeitsverhältnisses (Satz 2). Voraussetzung ist, dass sie zum Zeitpunkt des Überganges bereits galten. Eine rückwirkende Inkraftsetzung nach dem Übergang kommt den Arbeitnehmern nicht mehr zugute[80]. Auch nachwirkende Normen gehen in das Arbeitsverhältnis ein[81]. Soweit die Tarifverträge es nicht ermöglichen, dass sie wirksam in das Arbeitsverhältnis eingehen – z.B. wenn sie gemeinsame Einrichtungen betreffen, die für den Erwerber bzw. übernehmenden Rechtsträger und seine Arbeitnehmer nicht zugänglich sind – hat der Arbeitgeber eine vergleichbare Leistung selbst zu erbringen[82].

Verweist die so geltende Norm ihrerseits auf eine andere Kollektivnorm – häufigster Fall Firmentarifvertrag verweist auf Flächentarifvertrag –, so soll nach Ansicht des BAG die Verweisung mit dem Übergang nur noch statisch gelten[83]. Das ist problematisch, weil nach Art. 3 Abs. 3 der Betriebsübergangsrichtlinie dieselben Arbeitsbedingungen weitergelten müssen, »wie sie für den Veräußerer vorgesehen waren«[84].

bb) Ausnahmen

Kollektivnormen werden dann nicht Inhalt des Arbeitsverhältnisses, wenn es inhaltsgleiche Tarifverträge oder Betriebsvereinbarungen beim Erwerber gibt (Satz 3). Während Betriebsvereinbarungen ohne weiteres für alle Arbeitnehmer gelten, ist dies bei Tarifverträgen nicht der Fall. Deshalb stehen sie der individualrechtlichen Geltung der vorher geltenden Kollektivnormen nur entgegen, wenn auch der Arbeitnehmer vom Tarifvertrag erfasst ist, weil er der tarifschließenden Gewerkschaft angehört (§ 3 Abs. 1 TVG) oder der Tarifvertrag allgemein verbindlich ist[85]. Außerdem muss der Betrieb auch vom fachlichen Geltungsbereich des Tarifvertrages erfasst sein. Die beim übernehmenden Rechtsträger bzw. Erwerber geltende Norm muss sich zudem auch inhaltlich auf denselben Regelungsbereich beziehen[86].

---

[80] BAG 13.9.1994 AP TVG § 1 Rückwirkung Nr. 11.
[81] BAG 27.11.1991 AP TVG § 4 Nachwirkung Nr. 22.
[82] BAG 5.10.1993 AP BetrAVG § 1 Zusatzversorgungskassen Nr. 42 a.A. RGRK – Ascheid § 613a BGB Rn. 197.
[83] 20.6.2001 AP TVG § 1 Bezugnahme auf Tarifvertrag Nr. 18 und 29.8.2001 AP TVG § 1 Bezugnahme auf Tarifvertrag Nr. 17.
[84] Däubler RdA 2002, 3003 ff.
[85] BAG 1.4.1987 AP BGB § 613a Nr. 64; das ist streitig – vgl. die umfassend begründete Gegenauffassung bei Hohenstatt in Willemsen u.a., Umstrukturierungen 2. Aufl. E Rn. 136 ff.
[86] BAG 19.11.1996 AP BGB § 613a Nr. 153.

Streitig ist, ob durch Betriebsvereinbarungen beim neuen Arbeitgeber in das Arbeitsverhältnis übergegangene Tarifverträge verdrängt werden können[87]. Dagegen spricht, dass nach der gesetzlichen Wertung Tarifverträge und Betriebsvereinbarungen nicht auf gleicher Ebene stehen, wie sich aus den Tarifsperren in § 77 Abs. 3 und § 87 Abs. 1 Satz 1 Eingangssatz BetrVG ergibt[88].

cc) Änderungssperre
Nach § 613a Abs. 1 Satz 2 BGB dürfen die in das Individualrecht übergeleiteten Regeln binnen eines Jahres nicht verändert werden. Damit sind weder Änderungsvereinbarungen noch Änderungskündigungen möglich[89]. Eine Ausnahme gilt zum einen dann, wenn die Kollektivvereinbarung auch beim ehemaligen Arbeitgeber nicht mehr gilt (§ 613a Abs. 1 Satz 4, 1. Alternative BGB). Das Veränderungsverbot gilt deshalb für nur nachwirkende Kollektivnormen nicht[90]. Ferner können durch einen arbeitsvertraglichen Verweis auf einen Tarifvertrag die bestandsgeschützten Kollektivnormen abgeändert werden ebenso wie wenn der Tarifvertrag kollektivrechtlich gelten würde (§ 613 a Abs. 1 Satz 4, 2. Alternative BGB). Das gilt auch, wenn bereits vor dem Betriebsübergang auf den jeweils geltenden Tarifvertrag verwiesen wurde[91] – Tarifwechselklausel.

Nach Ablauf der Änderungsklausel können die Arbeitsbedingungen im üblichen Wege geändert werden. Eine automatische Änderung tritt aber nicht ein. Eine Änderungskündigung allein zur Angleichung von Arbeitsbedingungen ist nicht möglich[92].

d) Problem: Verweis auf einschlägigen Tarifvertrag
Das BAG geht in einer Serie von Entscheidungen, die sich ausdrücklich gegen anderslautende Ansichten richten, davon aus, wenn in einem Arbeitsvertrag beim Veräußerer bzw. übertragenden Rechtsträger, der tarifgebunden sei, der einschlägige Tarifvertrag vereinbart ist, liege eine Gleichstellungsabrede und eine Tarifwechselklausel vor. Auf die Kenntnis des Arbeitnehmers von der Tarifbindung des Arbeitgebers komme es nicht an. Nach einem Betriebsübergang gelte dann ohne weiteres der für den Erwerber bzw. übernehmenden Rechtsträger tarifrechtlich verbindliche Tarifvertrag, auch wenn der Arbeitnehmer nicht tarifgebunden sei[93]. Das soll sogar gelten, wenn der Arbeitnehmer außerhalb des örtlichen Geltungsbereiches des in Bezug genommenen Tarifvertrages

---

[87] Offen gelassen bei BAG 1.8.2001 AP BGB § 613a Nr. 225.
[88] Wie hier Trittin in Bachmeister/Trittin/Mayer § 613a BGB Rn. 128; a.A. C. Meyer NZA 2001, 751 ff.; vermittelnd Hergenröder SAE 2002, 131.
[89] KR-Pfeiffer 6. Aufl. § 613a BGB Rn. 92.
[90] BAG 1.8.2001 AP BGB § 613a Nr. 225.
[91] BAG 16.10. 2002 AP TVG § 1 Bezugnahme auf Tarifvertrag Nr. 22; insoweit a.A. Thüsing/Lambrich RdA 2002, 193 ff.
[92] BAG 28.4.1982 AP KSchG 1969 § 2 Nr. 3.
[93] Aus neuerer Zeit: BAG 26.9.2001 AP TVG Bezugnahme auf Tarifvertrag Nr. 21; 25.9.2002 AP TVG § 1 Bezugnahme auf Tarifvertrag Nr. 26; 13.11.2002 AP TVG § 1 Bezugnahme auf Tarifvertrag Nr. 27 und 27.11.2002 AP TVG § 1 Bezugnahme auf Tarifvertrag Nr. 29.

arbeitet[94] und nicht gegen die jetzt auch im Arbeitsrecht geltende Unklarheitenregel bei Allgemeinen Geschäftsbedingungen (§ 305c Abs. 2 BGB) verstoßen[95]. Ist der Erwerber bzw. übernehmende Rechtsträger nicht tarifgebunden, soll auch aufgrund der Verweisung der alte Tarifvertrag nur noch statisch weiter gelten[96].

Diese Rechtsprechung wird mit guten Gründen kritisiert, weil sie die üblichen Vereinbarungen allein unter dem Gesichtspunkt des Arbeitgeberinteresses auf gleiche tarifliche Bedingungen im Betrieb auslegt und nicht berücksichtigt, dass auch der Arbeitnehmer ein Interesse an dem Tarifniveau einer bestimmten Branche hat[97]. Es wird zudem überzeugend auf die Unklarheitenregel verwiesen[98].

2. Individualvereinbarungen

Da der Erwerber bzw. übernehmende Rechtsträger in das Arbeitsverhältnis eintritt, sind auch die zum Zeitpunkt des Überganges maßgeblichen Individualvereinbarungen für ihn verbindlich[99]. Das gilt auch, wenn sie durch gleich lautende Arbeitsverträge oder durch betriebliche Übung[100] oder Gesamtzusage[101] gestaltet sind. Soweit es sich um solche vertraglichen Einheitsregelungen handelt, wird die Ansicht vertreten, sie könnten kollektivrechtlich durch Betriebsvereinbarung oder Tarifvertrag nach § 613a Abs. 1 Satz 4, 2. Alternative BGB abgelöst werden[102]. Für einen solchen Eingriff in vertragliche Vereinbarungen gibt das Gesetz jedoch keine Handhabe. Es verbleibt aber bei der allgemeinen Regel, wonach betriebliche Einheitsregelungen im Rahmen der Billigkeit durch Betriebsvereinbarung abgelöst werden können, wenn es sich um Sozialleistungen handelt und dies insgesamt für die Arbeitnehmer günstiger ist oder wenn sie betriebsvereinbarungsoffen formuliert sind[103].

Individualvertraglich dürfen Bedingungen in Einzelarbeitsverträgen aus Anlass des Überganges nur abbedungen werden, wenn es dafür sachliche Gründe – z.B. den Erhalt von Arbeitsplätzen – gibt[104].

---

[94] BAG 21.8.2002 AP BGB § 157 Nr. 21.
[95] BAG 19.3. 2003 – 4 AZR 331/02 –.
[96] BAG AP TVG 16.10.2002 TVG § 1 Bezugnahme auf Tarifvertrag Nr. 22.
[97] Ausführlich Thüsing/Lambrich RdA 2002, 193 ff.; wie hier auch Däubler RdA 2002, 303 ff.; Bayreuther DB 2002, 1008 ff.; Annuß AuR 2002, 361 ff.; Gravenhorst Anmerkung zu BAG EzA TVG § 3 Bezugnahme auf Tarifvertrag Nr. 19; wie das BAG Hohanstatt in Willemsen u.a., Umstrukturierungen 2. Aufl. E Rn. 161 ff. und Gaul ZfA 2003, 75 ff.
[98] Thüsing/Lambrich RdA 2002, 193 ff.
[99] BAG 22.8.1978 AP BGB § 613a Nr. 11.
[100] Zu deren Rechtscharakter BAG 16.4.1997 AP BGB § 242 Betriebliche Übung Nr. 53.
[101] Zu deren Rechtscharakter BAG 16.9.1996 AP BetrVG 1972 § 77 Nr. 17.
[102] Feudner DB 2001, 1250 ff.
[103] Dazu BAG 23.10.2001 AP BetrAVG § 1 Ablösung Nr. 33.
[104] BAG 27.4.1988 AP BGB § 613a Nr. 71 und 26.1.1977 AP BGB § 613a Nr. 5; ablehnend zu dieser Einschränkung Willemsen in Willemsen u.a., Umstrukturierungen 2. Aufl. G Rn. 200.

V. Kollektivrechtliche Vereinbarungen aus Anlass von Umwandlung und Betriebsübergang

1. Interessenausgleich und Sozialplan

Nach § 111 BetrVG ist zwischen Arbeitgeber und Betriebsrat nach der rechtzeitigen und umfassenden Information zu beraten, wenn eine Betriebsänderung geplant ist. Nach § 112 BetrVG kann ein Interessenausgleich über die Betriebsänderung selber zustande kommen und muss ein Sozialplan zustande kommen, mit dem die den Arbeitnehmern entstehenden Nachteile ausgeglichen oder gemildert werden. Über beides ist notfalls in der Einigungsstelle zu verhandeln. Sie entscheidet verbindlich über einen Sozialplan, aber nicht über den Interessenausgleich. Maßgeblich ist also der Begriff der Betriebsänderung.

Für sich genommen keine Betriebsänderung in diesem Sinn ist der Betriebsübergang[105]. Es gibt aber viele Fallgestaltungen im Zusammenhang mit Betriebsübergang und Umwandlung, die im Ergebnis eine Betriebsänderung darstellen. So ein Zusammenschluss oder eine Spaltung von Betrieben – nicht: Unternehmen (Umkehrschluss aus § 106 Abs. 3 Nr. 8 BetrVG) – immer eine Betriebsänderung (§ 111 Satz 3 Nr. 3 BetrVG)[106]. Gleiches gilt für die Überleitung eines Betriebes mit dem Ziel der Stilllegung[107]. Auch kann insbesondere ein Betriebsteilübergang mit organisatorischen Maßnahmen verbunden werden, die eine Betriebsänderung darstellen[108].

Eine Betriebsänderung kann deshalb vorliegen, weil im Zusammenhang mit dem Übergang widersprechenden und anderen Arbeitnehmern gekündigt wird[109]. Löst der Arbeitgeber die Betriebsorganisation auf und kündigt allen Arbeitnehmern, kann er einen Sozialplan nicht mit der Begründung verweigern, es liege ein Betriebsübergang und keine Betriebsänderung vor[110]. Es kann ein Sozialplan für den Fall erstellt werden, dass kein Betriebsübergang vorliegt[111]; er ggf. anzupassen[112].

Nach Ansicht des BAG kann in einem Sozialplan nicht der Nachteil ausgeglichen werden, der sich daraus ergibt, dass der Inhaber wechselt[113]. Daraus ist geschlossen worden, die mit dem Übergang verbunden Verschlechterungen der Arbeitsbedingungen könnten nicht durch den Sozialplan ausgeglichen werden[114]. Das erscheint nicht überzeugend. Die Verschlechterung der Arbeitsbedingungen hängt meist mit dem anderweitigen Zuschnitt der betrieblichen Aufgaben und dem da-

---

[105] BAG 16.6.1987 AP BetrVG 1972 § 111 Nr. 19; a.A. DKK – Däubler § 11 Rn. 102.
[106] Vgl. auch BAG 10.12.1996 AP BetrVG 1972 § 112 Nr. 110; 16.6.1987 AP BetrVG 1972 § 111 Nr. 19.
[107] BAG 17.3.1987 AP BetrVG 1972 § 111 Nr. 18.
[108] BAG 25.1.2000 NZA 2000, 1069.
[109] BAG 1.4.1998 AP BetrVG 1972 § 112 Nr. 123; 10.12.1996 AP BetrVG 1972 § 113 Nr. 32.
[110] BAG 27.6.1995 AP BetrVG 1972 § 4 Nr. 7.
[111] BAG 1.4.1998 AP BetrVG 1972 § 112 Nr. 123.
[112] C Meyer NZA 2000, 297 ff.; Moll RdA 2003, 129; a.A. Matthes NZA 2000, 1073 ff.
[113] BAG 25.1.2000 NZA 2000, 1069.
[114] Moll RdA 2003, 129 ff.

durch bedingten Wechsel des maßgeblichen fachlichen Geltungsbereiches eines Tarifvertrages zusammen und nicht mit dem Inhaberwechsel.

§ 134 UmwG enthält für eine bestimmte Fallgestaltung eine Sonderregelung: Wird eine Gesellschaft in eine Anlage- und eine Betriebsführungsgesellschaft aufgespalten und sind an beiden Rechtsträgern im Wesentlichen dieselben Personen beteiligt, so haftet die Anlagegesellschaft neben der Personengesellschaft für Sozialplanansprüche. Das hat seinen Grund darin, dass in diesen Fällen das Vermögen bei der Anlage- und die Arbeitnehmer bei der Betriebsführungsgesellschaft angesiedelt sind. Weitere Voraussetzung ist, dass die Ansprüche innerhalb von fünf Jahren nach Wirksamwerden der Spaltung entstehen und innerhalb von zehn Jahren seit diesem Zeitpunkt fällig werden und entweder anerkannt oder gerichtlich geltend gemacht seien. Bei der Bewertung, ob eine Sozialplansumme angemessen ist (§ 112 Abs. 5 Satz 1 BetrVG), muss in diesen Fällen das Vermögen der Anlagegesellschaft mit berücksichtigt werden.

Die Vorschrift gilt für die Spaltung nach dem UmwG. Da eine entsprechende Gefahrenlage auch ohne Umwandlung nach § 613a BGB entstehen kann, ist die gesetzliche Vorschrift dann analog anzuwenden[115].

2. Tarifverträge

Denkbar ist es, aus Anlass des Betriebsüberganges tarifliche Regeln zum Schutz der Arbeitnehmer zu schaffen[116]. Tarifrechtlich gesichert werden können solche Verträge nur, wenn sie auch der Erwerber bzw. übernehmende Rechtsträger mit abschließt oder im Rahmen der Umwandlung eine zumindest partielle Gesamtrechtsnachfolge stattfinden soll. Auf der Basis der Ansicht des BAG (oben IV 1. d)) wäre aufgrund der Annahme von Tarifwechselklauseln die Geltung solcher Verträge sonst gefährdet, wenn der neue Arbeitgeber einem anderen Verband angehört oder ihm beitritt. Möglich sind aber Vereinbarungen, die allein den alten Arbeitgeber binden, z.B. Rückkehrrechte unter bestimmten Umständen. Das wäre eine zulässige Abschlussnorm (§ 1 Abs. 1, 2. Alternative TVG).

Nicht zulässig ist nach Ansicht des BAG eine tarifliche Regelung, mit der der Arbeitgeber gezwungen wird, Mitglied im Arbeitgeberverband zu bleiben oder bestimmte Bedingungen in die Arbeitsverträge aufzunehmen[117].

---

[115] Däubler RdA 1995, 136, 146; a.A. Gaul, Das Arbeitsrecht bei Betriebs- und Unternehmensspaltung § 15 Rn. 88.
[116] Vgl. Däubler ZTR 2000, 241 ff.; zu einem solchen Regelungsgeflecht der Beispielsfall bei ArbG Bremen 29.9.1999 EzBAT § 54 Unkündbare Angestellte Nr. 9.
[117] 10.12.2002 AP GG Art. 9 Arbeitskampf Nr. 162.

3. Vereinbarung nach § 325 Abs. 2 UmwG
Das BetrVG macht in gewissen Fällen Mitbestimmungsrechte von der Arbeitnehmerzahl abhängig. § 325 Abs. 2 UmwG ermöglicht es, bei einer Spaltung durch Tarifvertrag oder Betriebsvereinbarung die alten Mitbestimmungsrechte zu sichern. Eine entsprechende Betriebsvereinbarung ist mangels Mitbestimmungsrechts nicht erzwingbar. Sie muss in einer gewissen zeitlichen Nähe zur Umwandlung abgeschlossen sein, weil es sonst nichts zu »sichern« gibt. Gesichert werden können auch zulässigerweise tariflich geregelte Mitbestimmungsrechte[118].

VI. Fazit
Gerade im nicht immer übersichtlichen Recht der Umwandlung und des Betriebsüberganges haben arbeitsrechtliche Vereinbarung der verschiedensten Art bedeutende Rechtsfolgen. Diese können nur z.T. gestaltet werden, da ein Großteil des maßgeblichen Rechtes zwingend ausgestaltet ist.

---

[118] Vgl. Zwanziger in Kittner/Däubler/Zwanziger § 325 UmwG Rn. 7 ff.

Stephan Hobe

Das Weltraumrecht – Eine Einführung in eine nahezu unbekannte Rechtsordnung und ihre Probleme

I. Einleitung

Herr Vorsitzender,
Sehr geehrte Damen und Herren,
lassen Sie mich zunächst Ihnen, Herr Vorsitzender, sehr herzlich für die freundliche Einladung, heute Abend hier vor der Juristischen Gesellschaft Bremen zu Ihnen sprechen zu können, danken. Als jemand, der aus Bremen kommt und hier insbesondere seine Kindheit und Jugend einschließlich der Schulausbildung am Alten Gymnasium verbracht hat, ist es schon ein ganz besonderes Gefühl, heute Abend in seiner Heimatstadt zu Ihnen sprechen zu können. Und dass Sie das Wagnis unternommen haben, einen Referenten zum scheinbar so abseits gelegenen Thema des Weltraumrechts einzuladen, erfüllt mich einerseits mit Freude, ist andererseits aber auch in einer Stadt wie Bremen, die sich zukunftsweisend seit längerer Zeit der Luft- und Raumfahrtindustrie zugewendet hat und in der derzeit der Weltkongress der Internationalen Astronautischen Föderation sowie des Internationalen Instituts für Weltraumrecht stattfindet, nicht allzu verwunderlich. Dennoch – und damit will ich eine erste Annäherung an meine Themenstellung wagen – hat derjenige, der einem rechtskundigen Auditorium über Weltraumrecht vortragen soll, mit einer gewissen Bescheidenheit und mit Bedacht an die Sache heranzugehen. Gewiss werden Sie sich alle beim Blick in den Himmel fragen – und das Thema des heutigen Abends legt dies ja auch ein wenig nahe –, was man denn sinnvollerweise an rechtlichen Regelungen im Weltraum überhaupt treffen kann, und ich gebe zu, auch ich selbst habe mir natürlich diese Frage gestellt, als ich mich vor längerer Zeit auf der Suche nach einem geeigneten Dissertationsthema[1] erstmals mit Weltraumrecht beschäftigte. War es damals eher Zufall, so ist es, was meine berufliche Befassung natürlich nahe legt, nunmehr mittlerweile Passion, wobei eines gleich hinzugefügt werden soll, was sich wie ein roter Faden, wie ich hoffe, durch den ganzen Vortrag des heutigen Abends ziehen soll: Das Weltraumrecht ist ohne ein solides Verständnis des Völkerrechts, aber auch des Europarechts und selbst des internationalen und nationalen Privatrechts, ja in Ansätzen auch des Strafrechts, nicht wirklich zu verstehen. Und da ich es gewohnt bin, als jemand, der intensiv das Weltraumrecht betreibt, zunächst immer etwas belächelt zu werden, wenn es um eine weltraumrechtliche Fragestellung geht, möchte ich dies zum Ansporn nehmen, die Themenbereiche, die wir heute Abend miteinander besprechen wollen, möglichst anschaulich zu machen. Ich kann Ihnen deshalb versprechen, dass im Rahmen

---

[1] Stephan Hobe, Die rechtlichen Rahmenbedingungen der wirtschaftlichen Nutzung des Weltraums, Berlin 1992.

meines kleinen Überblicks Rechtsregeln der wirtschaftlichen Nutzung, Fragen der Haftung für abgestürzte Satelliten, ja Fragen des Verkaufs von Mondgrundstücken sowie der damit zusammenhängenden Frage nach dem Bestehen eines Weltraumsachenrechts und schließlich Rechtsfragen des sich in Zukunft möglicherweise abzeichnenden Weltraumtourismus angesprochen und in ihrer Tragweite vor Ihnen ausgebreitet werden sollen. Dies setzt allerdings voraus, dass wir uns zunächst einmal mit der weltraumrechtlichen Rahmenordnung ein wenig auseinander setzen. Und diese ist, wie angesichts der in der Anfangszeit vornehmlich staatlich durchgeführten Raumfahrtaktivitäten nicht überraschen kann, zunächst einmal völkerrechtlich geprägt gewesen.

II. Die völkerrechtliche Rahmenordnung

Die Lösung zu einer Reihe von Rechtsfragen, die die Weltraumfahrt mit sich bringt, hat man – jedenfalls ansatzweise – schon bereitgestellt zu einer Zeit, als die Weltraumfahrt sich gerade entwickelte. Ähnlich wie in der Luftfahrt zu Anfang des vergangenen Jahrhunderts, wo auch sehr früh (1910 [Konferenz von Paris], 1919 [Pariser Konvention], 1929 [Abkommen von Warschau]) ein Rechtsrahmen geschaffen wurde,[2] hat man sich auch relativ früh auf die Schaffung eines Regulatoriums über das Vordringen des Menschen in den Weltraum verständigt.

Das ist nicht selbstverständlich. Wenn Sie heute moderne, die gesellschaftliche Entwicklung beeinflussende Technologien (z.B. die Gentechnik) oder Innovationen im Bereich des Internets und anderer Computertechnologien, und dazu Einwirkungen der Globalisierung der Wirtschaft betrachten, dann muss man feststellen, dass hier sehr häufig das Recht hinter der technischen Entwicklung herhinkt, dass sich also die Technik fortentwickelt, ohne dass eine entsprechende rechtliche Basis zur Verfügung steht. Auch in anderen Gebieten des internationalen Rechts, wie etwa im Seerecht, folgte die Kodifizierung nur langsam der neuen Dimension der menschlichen Aktivitäten.[3]

Anders in der Weltraumfahrt: Dort wurde der Aufbruch in ein neues Zeitalter von Beginn an von dem Bestreben der beteiligten Staaten begleitet, diesen Aktivitäten einen rechtlichen Ordnungsrahmen auf der Ebene des Völkerrechts zu geben.

Schon 1963, also gerade sechs Jahre nach dem Start von Sputnik 1, verabschiedete die Generalversammlung der Vereinten Nationen die wegweisende Resolution »Erklärung über Rechtsgrundsätze zur Regelung der Tätigkeiten von Staaten bei der Erforschung und Nutzung des Weltraums«.[4]

Den ersten Resolutionen der UNO folgten in den Jahren 1967 bis 1979 mit dem Weltraumvertrag, dem Rettungsabkommen, dem Haftungsabkommen, dem Registrierungsabkommen und dem Mondvertrag fünf weltraumrechtliche Konventionen, in denen jedenfalls für die Vertragsstaaten, aber teilweise auch darüber hinaus, verbindliches Recht gesetzt wurde. Das soll jedoch nicht hei-

---

[2]   Siehe dazu den Kurzüberblick bei Bin Cheng, The Law of International Air Transport, London 1962, S. 3.
[3]   Siehe für eine Einschätzung des Einflusses der Technologie auf die internationale Rechtsentwicklung Allan Gotlieb, The Impact of Technology on the Development of Contemporary International Law, in: RdC 1981, S. 242 ff.
[4]   UNGA Res. 1962 (XVIII) vom 13. Dezember 1963.

ßen, dass zu diesem Zeitpunkt bereits für sämtliche Details der Raumfahrt Rechtsregeln ausgearbeitet waren. Vielmehr hatte man sich auf bestimmte Grundprinzipien verständigt, anhand derer sich das Vordringen der Menschen ins All vollziehen konnte und auf deren Basis im Laufe der Zeit detaillierte Vorschriften ausgearbeitet werden konnten.

Wie sieht nun diese völkerrechtliche Rahmenordnung aus und wie kam sie zustande?

Der Weltraumausschuss der Vereinten Nationen

Da Weltraumaktivitäten in den Anfangsjahren, wie angedeutet, ausschließlich von staatlichen Stellen durchgeführt wurden, kam es darauf an, Rechte und Pflichten zwischen den einzelnen Staaten herzustellen. Weltraumrecht war – und ist auch heute noch in erster Linie – Völkerrecht. Im Völkerrecht schaffen Staaten durch gegenseitige Vereinbarungen, in der Regel durch multilaterale Verträge, Rechte und Pflichten, an die sie gebunden sind.

Eine herausragende Rolle spielen in diesem weltraumrechtlichen Zusammenhang die Vereinten Nationen:[5] Sie bereiten die Entstehung der weltraumrechtlichen Verträge zwischen den Staaten vor. Hierfür gibt es seit Mitte der 50er Jahre einen ständigen Ausschuss, der sich mit der Erforschung und Nutzung des Weltraums befasst: das »UN Committee on the Peaceful Uses of Outer Space«, der Weltraumausschuss der Vereinten Nationen, abgekürzt COPUOS. Im gehören heute 65 Staaten an.

COPUOS setzt sich zusammen aus zwei Unterausschüssen:
- den technisch wissenschaftlichen Unterausschuss, in dem die Naturwissenschaftler zusammenkommen, und dem
- Legal Subcommittee, dem juristischen Gremium, in dem die weltraumrechtlichen Fragen erörtert werden.

COPUOS insgesamt berichtet direkt der Generalversammlung; er bereitet weltraumrechtliche Resolutionen und Verträge vor und formuliert entsprechende Entwürfe. Dabei gilt das Konsensprinzip,[6] d.h., dass über anstehende Tagesordnungspunkte so lange verhandelt wird, bis eine für alle Staaten tragbare Lösung erreicht ist. Zwar wirkt sich dies nicht gerade positiv auf die Dauer und Effektivität der Verhandlungen aus, doch liegt als Ergebnis in der Regel ein Abkommensentwurf vor, der die unterschiedlichen Interessen sachgerecht zum Ausgleich bringt und von allen Staaten akzeptiert werden kann.

Die Arbeitsergebnisse der COPUOS-Sitzungen werden dann von der Generalversammlung der Vereinten Nationen beraten und schließlich als Resolution oder als Konvention verabschiedet. Damit sind die Konventionen als die wichtigsten völkerrechtlichen Dokumente allerdings noch nicht

---

[5] Siehe für eine Einschätzung der Tätigkeit des Weltraumausschusses z.B. Knut Focke, Internationale Zusammenarbeit im Weltraum, in: Karl-Heinz Böckstiegel (Hg.), Handbuch des Weltraumrechts, Köln u.a. 1991, S. 643 ff.
[6] Dazu Eilene Galloway, Consensus Decision-Making in UNCOPUOS, Journal of Space Law 1979, 3 ff.

verbindlich.[7] Rechtliche Verbindlichkeit in dem Sinne, dass Staaten sich an die Regelungsinhalte halten müssen, also daran gebunden sind, erlangen sie erst, wenn die einzelnen Staaten den Abkommen beitreten, sie also unterzeichnen und ratifizieren.

Insgesamt hat der Weltraumausschuss wie erwähnt fünf multilaterale Verträge formuliert und die Generalversammlung hat fünf Prinzipienkataloge (in Form von Resolutionen) verabschiedet.[8] Bevor ich Ihnen aber dieses Vertragswerk vorstellen will, noch etwas Erstaunliches: Bei allem juristischen Regelungsschwung fehlt es doch bis heute an einer gängigen Definition des Weltraums, was insbesondere wegen der juristischen erheblichen territorialen Abgrenzung zum Luftraum verwundern muss. Denn der hoheitsfreie Weltraum schließt sich sozusagen dem staatlicher Souveränität unterliegenden Luftraum als »Obergeschoss« an.

Eines ist klar und soll am Anfang auch besonders zum Ausdruck gebracht werden. Das Universum ist von unvorstellbarer Größe, hierauf kann sich der Regelungsanspruch des Weltraumrechts deshalb kaum beziehen.[9] Wenn wir uns nämlich die Erde als den dritten von neun Planeten, die sich um die Sonne bewegen, vorstellen und die Sonne als einen Stern in einem Meer von Milliarden von Sternen der Milchstraßengalaxie, dazu bedenken, dass sich Galaxien zu sog. Clustern von zwölf und mehr Galaxien gruppieren, die sich wiederum zu sog. Superclustern zusammengruppieren und dazu noch, dass der größte Teil des Universums aus leerem Raum zwischen diesen Objekten besteht, und auch bedenken, dass Entfernungen im Universum in Lichtjahren, also der Distanz, die das sich mit 300.000 Kilometern pro Sekunde fortbewegende Licht in einem Jahr bewältigt, gemessen werden, dazu schließlich zur Kenntnis nehmen, dass eine Galaxie mehrere tausend Lichtjahre messen kann, dann haben wir eine Ahnung davon, dass die Größenordnungen des sich im Übrigen ständig erweiternden Universums unvorstellbar sind. Wir sind deshalb bescheidener und beschränken uns auf, wenn Sie so wollen, zwei Stockwerke des Universums, den irdischen als dem terrestrisch-lunaren System und den interplanetaren Raum, dem Sonnensystem. Das terrestrisch-lunare System, dessen Bedingungen in überwiegendem Maße von Erde und Mond festgelegt sind, bildet ein in sich geschlossenes Gravitationssystem, das die Sonne mit einer mittleren Bahngeschwindigkeit von rund 30 Kilometern pro Sekunde umläuft. Dabei umkreist der Mond als der erdnächste Himmelskörper die Erde in rund 27 1/3 Tagen in einem mittleren Abstand von

---

[7] Zur rechtlichen Bedeutung der Resolutionen der UN-Generalversammlung siehe Stephan Hobe/Otto Kimminich, Einführung in das Völkerrecht, 8. Aufl. 2004, Kapitel 4.7.

[8] 1. Declaration of Legal Principles Governing the Activities of States in the Exploration and Uses of Outer Space (UNGA Res. 1962 (VIII) vom 13. Dezember 1963); 2. Principles Governing the Use by States of Artificial Earth Satellites for International Direct Television Broadcasting (UNGA Res. 37/92 vom 10. Dezember 1982); 3. Principles Relating to Remote Sensing of the Earth from Outer Space (UNGA Res. 41/65 vom 3. Dezember 1986); 4. Principles Relevant to the Use of Nuclear Power Sources in Outer Space (UNGA Res. 47/68 vom 14. Dezember 1992); 5. Declaration on International Cooperation in the Exploration and Use of Outer Space for the Benefit and in the Interest of All States, Taking into Particular Account the Needs of Developing Countries (UNGA Res. 51/122 vom 13. Dezember 1996).

[9] Siehe zum Definitionsproblem Hobe, Die rechtlichen Rahmenbedingungen der wirtschaftlichen Nutzung des Weltraums, Berlin 1992, S. 21 f.

384.000 Kilometern; seine Umlaufbahn um die Erde ist rund 5° 9' gegen die Umlaufebene der Erde um die Sonne geneigt. Der interplanetare Raum, also das Sonnensystem, bildet wie der irdische Raum ein in sich geschlossenes Gravitationssystem. Er besteht aus der Sonne als dem Zentralkörper, neun großen Planeten (Merkur, Venus, Erde, Mars, Saturn, Jupiter, Uranus, Neptun und Pluto) und ihren Monden, einer Schar kleiner Asteroiden, Kometen, Meteoren und Meteoriten, interplanetarem Staub und Gas. Und selbst für diesen begrenzten Weltraum mit den in ihm enthaltenen Himmelskörpern ist, was die räumliche Ausdehnung betrifft, seine Abgrenzung gegenüber den die Erde umgebenden Lufthüllen nicht eindeutig geklärt. Die internationale Diskussion kreist dabei allerdings seit Jahren um eine Abgrenzungshöhe zwischen 80 und 110 Kilometern, so dass man m.E. derzeit im Sinne einer juristischen Betrachtung Weltraum als »den irdischen (terrestrisch-lunares System) und interplanetaren (Sonnensystem) Raum des Universums« betrachten kann, wobei in Abgrenzung zu der die Erde umgebenden Lufthülle von einem Beginn bei jedenfalls 110 Kilometern über dem Meeresspiegel auszugehen ist.[10]

Nun also zu den fünf weltraumrechtlichen Verträgen.

Der Weltraumvertrag
Die immer noch wichtigste Kodifikation stellt der Vertrag vom 27. Januar 1967 dar, der verkürzt als Weltraumvertrag (Outer Space Treaty) bezeichnet wird.[11] Die weltraumrechtlichen Verträge haben in der Regel immer sehr lange Titel und Überschriften, die dann meist auf einen prägnanten Arbeitstitel verkürzt werden. So heißt der Weltraumvertrag mit seinem genauen Titel: »Vertrag über die Grundsätze zur Regelung der Tätigkeiten von Staaten bei der Erforschung und Nutzung des Weltraums einschließlich des Mondes und anderer Himmelskörper«. Dieser Weltraumvertrag enthält die wesentlichen Grundsätze über den Rechtsstatus des Weltraums und seiner Nutzungsarten. Hier wurden die wesentlichen Weichenstellungen getroffen, die auch Auswirkungen auf die nachfolgenden weltraumrechtlichen Abkommen haben.

Der Weltraumvertrag ist zweifellos ein besonderer Erfolg der internationalen Staatengemeinschaft, da er trotz der Blockbildung während des Kalten Krieges und trotz erheblicher politischer Meinungsverschiedenheiten nicht nur verabschiedet wurde, sondern auch bis heute von beinahe 100 Staaten – darunter allen Raumfahrtnationen – ratifiziert wurde.[12] Wenn man diese Anzahl mit den Beitritten zu anderen multilateralen Vertragswerken vergleicht und bedenkt, dass etliche Staaten gar keine oder nur eine sehr geringe Berührung mit Weltraumaktivitäten haben, dann kann

---

[10] COPUOS Report, Historical summary on the consideration of the question on the definition and delimitation of outer space, Report of the Secretariat, UNGA Doc. A/AC.105/769 vom 18. Januar 2002.
[11] Treaty on Principles Governing the Activities of States in the Exploration and Use of Outer Space, including the Moon and Other Celestial Bodies (Res. 2222 (XXI), vom 27. Januar 1967, in Kraft getreten am 10. Oktober 1967).
[12] Ratifikationsstand vom 1. Januar 2003: 98 Ratifikationen und 27 Unterzeichnungen.

man sagen, dass der Weltraumvertrag eine sehr erfolgreiche völkerrechtliche Kodifikation darstellt. Für die Bundesrepublik Deutschland gelten die Bestimmungen des Weltraumvertrages seit 1971.
Im Weltraumvertrag wird ein breites Spektrum von Inhalten abgedeckt:
– Hervorzuheben ist der Grundsatz der Freiheit der Erforschung und Nutzung des Weltraums (Art. I). Hierbei geht es um die Freiheit der Staaten, im Weltraum aktiv zu sein und wissenschaftlich tätig zu sein.
– Im Weltraumvertrag ist ebenfalls ein Verbot nationaler Aneignungen und Okkupationen geregelt (Art. II). Ein Gebietserwerb im Weltraum einschließlich der Himmelskörper ist nach Art. II ausdrücklich ausgeschlossen. Das Aneignungsverbot umfasst nach herrschender – aber umstrittener – Auffassung auch den Ausschluss von Eigentumsrechten internationaler Organisationen sowie staatlicher und privater Unternehmen. Der Weltraum ist demnach ein gemeinschaftlicher Raum, eine *res communis omnium*, sie ist »province (Anliegen) of all mankind«.[13]
– Daraus folgt, dass der Weltraum ein staatsfreies Gebiet ist, der Staat hat keine Hoheitsrechte über den »Weltraum« über seinem Staatsgebiet. Im Luftverkehr ist es beispielsweise so, dass jeder Staat volle und ausschließliche Souveränität über den Luftraum hat, und zwar über den gesamten Luftraum oberhalb seines Staatsgebietes. Man spricht auch von Lufthoheit. Dieses Prinzip ist genau das Gegenteil vom Prinzip der Staatsfreiheit des Weltraums.
– Der Weltraumvertrag enthält des Weiteren das Verbot der Stationierung von Massenvernichtungswaffen im Weltraum,
– eine Pflicht zur Kooperation bei der Sicherung und Rettung von Astronauten sowie
– Regelungen zur Verantwortlichkeit und Haftung von Staaten für Schäden durch Weltraumgegenstände.

Aus diesem breiten Regelungsspektrum wurden in der dann folgenden Rechtsentwicklung einige Bereiche in Einzelabkommen konkretisiert. Die nach 1967 geschaffenen Rechtsinstrumente enthalten keine breiten Grundprinzipien mehr, sondern vielmehr Spezialregelungen für bestimmte Aspekte der Raumfahrt.

Das Weltraumrettungsabkommen
Als zweite große weltraumrechtliche Kodifikation wurde am 22. April 1968 das sog. »Weltraumrettungsabkommen« geschlossen.[14] Dieses Abkommen ist ähnlich erfolgreich wie der Weltraumvertrag. Die schnelle Ausarbeitung des Vertrages ist auf zwei Unfälle im Jahre 1967 in den USA und der

---

[13] Dazu etwa Hobe, Die rechtliche Rahmenbedingungen der wirtschaftlichen Nutzung des Weltraums, Berlin 1992, S. 82 f., 95 f.
[14] Agreement on the Rescue of Astronauts, the Return of Astronauts and the Return of Objects Launched into Outer Space (UNGA Res. 2345 (XXII) vom 22. April 1968).

Sowjetunion zurückzuführen, bei denen Astronauten getötet wurden, so dass den Raumfahrtnationen die Notwendigkeit entsprechender Regelungen zum Schutz von Astronauten vor Augen geführt wurde. Das Weltraumrettungsabkommen wurde bis dato von über 90 Staaten unterzeichnet,[15] darunter seit 1972 auch der Bundesrepublik Deutschland. Inhalt des Abkommens sind Vorschriften über die Rettung und Rückführung von Astronauten in Krisensituationen sowie über die Rückgabe von in den Weltraum gestarteten Gegenständen.

Das Haftungsabkommen
Lassen Sie mich nun zu einem der wichtigsten und auch praktisch bedeutsamsten Inhalte des Weltraumrechts kommen: dem Haftungsregime. Die völkerrechtliche Haftung für Schäden durch Weltraumgegenstände ist bereits in Art. VII des Weltraumvertrages angelegt, wurde aber später insbesondere im Weltraumhaftungsabkommen[16] von 1972 detailliert ausgestaltet. Die Startstaaten sind danach für Schäden, die »ihre« Weltraumgegenstände auf der Erdoberfläche oder an Luftfahrzeugen im Flug hervorrufen, ohne Rücksicht auf Verschulden im Sinne einer Gefährdungshaftung auch für rechtmäßiges Handeln haftbar. Damit zeichnet sich, betrachtet man insgesamt das geltende Völkerrecht, das Weltraumrecht mit seiner Gefährdungshaftung als ein sehr fortschrittliches Rechtsgebiet aus, was sicherlich mit den als äußerst gefährlichen (ultra hazardous) Tätigkeiten zu tun hat. Die Grundsätze der Verschuldenshaftung gelten nur dann, wenn der Schaden an einem fremden Weltraumgegenstand oder anderswo als auf der Erdoberfläche eintritt. Besonders wichtig, aber problematisch ist hier die Definition des Startstaates, der nach der Konzeption des Haftungsabkommens der haftende Staat ist. Er ist zum einen im Haftungsabkommen wie andererseits auch in der Registrierungskonvention näher beschrieben, weist jedoch gerade im Hinblick auf eine vermehrte Aktivität Privater eine nicht unerhebliche Unklarheit auf, die noch der Klärung bedarf. Es kann etwa der Staat, der selbst ein Objekt in den Weltraum transportiert oder der ein solches in den Weltraum transportieren lässt, Startstaat sein, wie auch ein solcher, von dessen Gelände ein Start durchgeführt wird. Dies kann die Frage aufwerfen, die in der Tat bereits relevant geworden ist, wie der Fall eines von einer privaten Firma (Sea Launch) durchgeführten Starts von hoheitsfreiem Gebiet (der hohen See) völkerrechtlich im Sinne der Haftungsregelung zu beurteilen ist.[17]

Die Frage der Haftung für Schäden durch Weltraumgegenstände ist von großer praktischer Bedeutung. Betrachtet man die wieder in die Erdatmosphäre eingetretenen Weltraumobjekte, so verglüht ein Großteil dieser Gegenstände beim Wiedereintritt in dichtere Luftschichten. Jedoch kommt es immer wieder vor, dass Objekte nicht vollständig verglühen, sondern auf die Erde hinabstürzen

---

[15] Ratifikationsstand am 1. Januar 2003: 88 Ratifikationen, 25 Unterzeichnungen.
[16] Convention on International Liability Caused by Space Objects (UNGA Res. 2777 (XXVI) vom 29. März 1972); am 1. Januar 2003 82 Ratifikationen, 25 Unterzeichnungen.
[17] Siehe zum Problem Kai-Uwe Schrogl, A New Look at the Concept of the »Launching State«: The Results of the UN-COPUOS Legal Subcommittee Working Group 2000-2002, ZLW 2002, S. 359 ff.

und potenziell große Schäden anrichten können. Die russische Raumstation MIR wurde beispielsweise im März 2001 planmäßig über dem Südpazifik zum Absturz gebracht, ohne dass es jedoch zu Schäden kam. Ein Beispiel für einen Unfall ist etwa der Absturz des amerikanischen Weltraumlabors Skylab im Juli 1979 über Australien. Der bislang einzige Fall eines Schadens trat bei dem Absturz des nukleargetriebenen sowjetischen Aufklärungssatelliten Kosmos 954 am 24. Januar 1978 auf kanadisches Gebiet auf. Unter Ablehnung sowjetischer Hilfe säuberten die kanadischen Behörden mit amerikanischer Hilfe das betroffene Gebiet im unbewohnten kanadischen Norden. Die Kosten wurden mit 18 Millionen kanadische Dollar beziffert, die Regierungen Kanadas und der Sowjetunion einigten sich auf die Zahlung von 3 Millionen Dollar für die unmittelbar entstandenen Kosten, wobei der UdSSR die Stellungnahme wichtig war, die Zahlung erfolge ohne Anerkennung einer Rechtspflicht.[18]

Die Relevanz dieser Haftungsfrage wird mit wachsenden Aktivitäten von privaten Unternehmen, insbesondere im Telekommunikationssektor, weiter zunehmen. Auch wenn aufgrund der derzeitigen wirtschaftlichen Lage nicht absehbar ist, ob und welche der geplanten Projekte realisierbar sein werden, so ist dennoch der Trend zu einer vermehrten Nutzung durch Satelliten absehbar. So gibt es beispielsweise Pläne für die Etablierung von Breitband-Satellitensystemen, die bis zu 280 Satelliten in den erdnahen Weltraum starten wollen. Abgesehen von der Frage des daraus resultierenden Weltraumschrotts, des sog. »space debris«, und der Frage der möglicherweise notwendigen Einführung einer Art »Flugsicherung im Weltraum«, also eines »space traffic management«,[19] ist absehbar, dass auch die Zahl von Weltraumobjekten, die wieder auf die Erde zurückstürzen und nicht vollständig beim Wiedereintritt verglühen, stark zunehmen wird. Folge wird sein, dass die Regulierung von daraus entstehenden Schäden auf der Erde immer größere Relevanz bekommen wird.

Diese Haftung nach nationalem Recht wirft die Frage auf, inwieweit die nationalen Rechtsordnungen in diesen Fragen harmonisiert werden können. Idealerweise wird dies dazu führen, dass das Haftungsrisiko auch für private Weltraumaktivitäten abschätzbar wird. Nationale Gesetze können auch Haftungsgrenzen und Versicherungspflichten vorsehen, um Weltraumaktivitäten wirtschaftlich durchführbar zu machen.

---

[18] Abdruck der diplomatischen Noten in Karl-Heinz Böckstiegel/Marietta Benkö/Stephan Hobe, Space Law – Selected Legal Documents, Vol. 1, A.IX.2; für eine juristische Bewertung siehe Bin Cheng, Studies in International Space Law, Oxford 1997, S. 288 (324); Peter Malanczuk, Haftung, in: Karl-Heinz Böckstiegel (Hg.), Handbuch des Weltraumrechts, S. 756 ff.

[19] Zum »Space Traffic Management« siehe zahlreiche Beiträge in den Proceedings of the 45th Colloquium on the Law of Outer Space, International Institute of Space Law 2002, S. 482–519.

Das Registrierungsabkommen

Eine Registrierungspflicht für Weltraumgegenstände durch den Startstaat ist im Registrierungsabkommen von 1975 niedergelegt.[20] Diese Registrierung bildet die rechtliche Brücke zwischen dem Weltraumgegenstand und dem Startstaat. Sie sichert dem Startstaat die Ausübung seiner Hoheitsgewalt und Kontrolle über das Objekt auch im Weltraum und sorgt gleichzeitig dafür, dass die Rechte anderer Staaten gewahrt werden können, indem der Startstaat identifizierbar ist und dort auch haftbar gemacht werden kann.

Der Mondvertrag

Nach etwa 10-jähriger Verhandlungsdauer wurde 1979 der so genannte »Mondvertrag« verabschiedet.[21] Der Kurztitel führt etwas in die Irre, weil die Regelungen auch für andere Himmelskörper gelten sollen. Die genaue Bezeichnung lautet dann auch: »Übereinkommen zur Regelung von Tätigkeiten von Staaten auf dem Mond und anderen Himmelskörpern.« Diesem letzten großen Schritt in der Kodifizierung von Weltraumrecht war allerdings kein Erfolg mehr beschieden. Weil hier die Meinungen, unter welchen Voraussetzungen mögliche Bodenschätze der Himmelskörper ausgebeutet werden dürfen, zwischen den westlichen Industriestaaten, den damals noch sozialistischen Staaten und den Entwicklungsländern erheblich auseinander gingen, wurde der Mondvertrag nur von etwa zehn Staaten ratifiziert, darunter keiner der wirklich großen Raumfahrtnationen. Zwar trat der Vertrag 1984 mit der Hinterlegung der fünften Ratifikationsurkunde in Kraft, doch wirkt ein völkerrechtlicher Vertrag für sich gesehen stets nur *inter partes*, d.h. zwischen den Staaten, die dem Vertrag beigetreten sind. Praktisch ist der Mondvertrag daher relativ bedeutungslos. Die Tatsache, dass sich der Vertragstext als für so wenige Staaten akzeptabel erwies, führt nun aber auch dazu, dass bezüglich rechtlich höchst relevanter Fragen eine Regelungslücke vorliegt. Dies ist um so bedauerlicher, als vor dem Hintergrund sich mehrender kommerzieller Anbieter von Mondgrundstücken und sogar ganzer anderer Planeten, etwa im Internet, eine klarere Rechtslage bezüglich der Veräußerung solcher »Planetengrundstücke« wünschenswert wäre. Allerdings sei angemerkt, dass nach jedenfalls herrschender Auffassung bereits nach Art. II und Art. VI des Weltraumvertrages der Erwerb von Eigentumsrechten an Himmelskörpern oder an Teilen von Himmelskörpern ausgeschlossen ist. Zwar verbietet der Weltraumvertrag in Art. II explizit nur die »nationale« Aneignung und Okkupation, jedoch werden in Art. VI des Vertrages »nationale« Weltraumaktivitäten als staatliche und nichtstaatliche Aktivitäten definiert. Im Übrigen ergibt sich auch aus der Präambel und der Entstehungsgeschichte des Weltraumvertrages, dass das Weltall und die Himmelskörper das gemeinsame Gut der Menschheit sind, so dass hieran keine exklusiven Rechte bestehen können.

---

[20] Convention on the Registration of Objects Launched into Outer Space (UNGA Res. 3235 (XIXX) vom 14. Januar 1975).
[21] Agreement Governing the Activities of States on the Moon and other Celestial Bodies (UNGA Res. 34/68 vom 18. Dezember 1979).

Die Veräußerung von Mond- und Marsgrundstücken, wie sie im Internet angeboten wird, ist somit völkerrechtswidrig. Daran ändert auch die Tatsache nichts, dass ein amerikanischer Vertreiber, Mr. Dennis Hope, sich die Vergabe von Mondgrundstücken im Grundbuch von San Francisco hat absichern lassen und bisher angeblich 2,1 Millionen Mondgrundstücke verkauft hat. Sollten Sie den Erwerb eines solchen Grundstücks in Erwägung ziehen, bitte ich also zu beachten, dass es sich zwar um eine sicherlich sehr nette Geschenkidee handeln mag, Sie damit aber nicht Besitzer einer Mondparzelle geworden sind.

Schließlich gibt es neben den immobiliar-sachenrechtlichen Bestimmungen auch Vorschriften über Mobilien: Die Eigentumsrechte eines in den Weltraum gestarteten Objekts bleiben dem Eigentümer auch im Weltraum erhalten (Art. VIII, S. 2 WRV) und ändern sich auch beispielsweise nicht, wenn verschiedene Weltraumobjekte, wie etwa bei den verschiedenen Modulen der Internationalen Raumstation, miteinander verbunden werden.

III. Spezifische Nutzungsregimes

Im Laufe der Jahrzehnte erlebten wir eine immer weiter fortschreitende Entwicklung der Nutzung des erdnahen Weltraums für eine Vielzahl von Anwendungen.

Telekommunikation

Telekommunikationssatelliten formen auf verschiedenen Umlaufbahnen ein weltumspannendes Netz, welches fast jeder von uns beispielsweise bei Telefonaten nach Übersee benutzt. Schon 1971 wurde eine internationale Organisation, INTELSAT, gegründet, deren Aufgabe es ist, weltweit Satellitentelekommunikation zu ermöglichen. Es folgte die Gründung einer Anzahl weiterer Organisationen mit teilweise spezielleren Aufgaben. Seit 1999 ist INTELSAT jedoch – wie auch einige andere Organisationen in diesem Bereich – in einem Restrukturierungsprozess befindlich, der mit der Privatisierung der Organisation abgeschlossen wurde.[22] In den letzten Jahren trat auch die mobile Satellitenkommunikation durch privat finanzierte Systeme wie Iridium und Globalstar in den Blickpunkt. Auch Datenübertragung und Internet sind Anwendungsgebiete solcher Satelliten. Der Empfang von Fernsehprogrammen durch die eigene Satellitenschüssel ist inzwischen in vielen Haushalten alltäglich geworden.

Von herausragender Bedeutung für die Telekommunikation ist die International Telecommunication Union (ITU) in Genf. Es handelt sich um eine weltweit tätige Organisation, in der Regierungen und private Telekommunikationsunternehmen den Aufbau und Betrieb von Telekommunikationsnetzen und -diensten koordinieren.[23] Die ITU ist verantwortlich für die Regulierung, Standar-

---

[22] Siehe dazu insgesamt Isabel Polley, INTELSAT, Restrukturierung einer internationalen Telekommunikationsorganisation, Schriften zu Kommunikationsfragen, Band 31, Berlin 2002.
[23] Zu Aufgabe und Funktion der ITU sowie relevanten Rechtsfragen siehe Harold M. White/Rita L. White, The Law and Regulation of International Space Communication, Boston 1988; siehe auch Karl-Heinz Böckstiegel (Hg.), Legal

disierung, Koordinierung und Entwicklung der internationalen Telekommunikation sowie für die Harmonisierung der nationalen Telekommunikation. 1865 von 20 Staaten als Internationaler Fernmeldeverein in Paris gegründet, wurde sie 1947 zu einer Unterorganisation der Vereinten Nationen (UN) mit Sitz in Genf. Die ITU ist u.a. auch zuständig für die Verteilung von Positionen und Frequenzen von Telekommunikationssatelliten im All; dabei kann es zu schwierigen Verteilungskonflikten im sog. Geostationären Orbit, einem Orbit 36.000 Kilometer über dem Äquator, auf dem Satelliten wegen der dort der Erdbewegung gleichen Umlaufgeschwindigkeit stationär zu sein scheinen, kommen; dies einfach deshalb, weil die dort bestehenden Satellitenparkplätze numerisch begrenzt sind[24].

Satellitennavigation

Nach der Telekommunikation ist die Nutzung von satellitengestützten Navigationssystemen wie GPS[25] oder das in Planung befindliche europäische GALILEO-System[26] das zweitwichtigste Anwendungsgebiet der Raumfahrt. Die Anwendungen reichen von dem Navigationssystem im eigenen PKW über das Flottenmanagement von Speditionen, die Luftfahrt bis hin zu Seenotrufsystemen. Die Ausweitung der Nutzung wirft auch Fragen der Haftung für Fehler dieser bislang unentgeltlich zur Verfügung gestellten Satellitensignale auf. Insbesondere im Bereich der Luftfahrt sind große Schadensfälle bei Fehlfunktionen dieser Navigationshilfen denkbar. Mangels spezieller Regelungen kommen vor allem Staatshaftungs- und Produkthaftungsansprüche in Betracht.

Für den Bereich der Satellitennavigation führt das Weltraumhaftungsabkommen wohl zu keiner Haftung des Startstaates. Die Schäden, die durch Funktionsstörungen von Navigationssatelliten eintreten, sind eher zufällig mit dem Weltraum verbunden und rechtfertigen nicht die Anwendung dieses strengen Haftungsregimes. Technisch stellt sich das Signal zudem oft als Kombination von weltraum- und erdgestützten Systemen dar, so dass auf die übliche Staats- und Produkthaftung zu verweisen ist.

Fernerkundungssatelliten

Fernerkundungssatelliten liefern beispielsweise Daten für den täglichen Wetterbericht, finden Anwendung im Bereich der Geologie und Kartographie, der Agrar- und Forstwirtschaft, der Stadtplanung, der Umweltüberwachung sowie bei militärischen Anwendungen. Zunächst war auch die zivi-

---

Framework for Commercial Satellite Telecommunications, Proceedings of the Project 2001-Workshop on Telecommunication, Köln 2000.

[24] Dazu etwa Hobe, Die rechtlichen Rahmenbedingungen der wirtschaftlichen Nutzung des Weltraums, Berlin 1992, S. 168 ff., m.w.N.
[25] Ausführliche Darstellung bei PACE, The Global Positioning System-Assessing National Policies, RAND 1995.
[26] Dazu Frans von der Dunk, Of Co-operation and Competition: GALILEO as a Subject of European Law, in: Stephan Hobe/Bernhard Schmidt-Tedd/Kai-Uwe Schrogl (Hg.), Legal Aspects of the Future Institutional Relationship between the European Union and the European Space Agency, Köln 2003, S. 47 ff.

le Erdfernerkundung eine rein staatliche Tätigkeit. Die Teilprivatisierung des amerikanischen LANDSAT-Systems[27] musste mangels wirtschaftlichen Erfolgs zurückgenommen werden. Dennoch entstanden in den USA einige Firmen, die eigene Systeme unterhalten. Diese sind jedoch in hohem Maße von Abnahmegarantien staatlicher Stellen abhängig. In Frankreich wurde das Unternehmen SpotImage gegründet, welches die von den staatlichen SPOT-Satelliten erzeugten Daten vermarkten soll.[28] Die Europäische Weltraumagentur ESA betreibt als internationale Organisation zu Forschungszwecken ein Fernerkundungsprogramm, welches nunmehr mit dem ENVISAT-Programm fortgesetzt wird. Die Europäische Union nutzt die Bilder von Satelliten beispielsweise, um die Berechtigung geltend gemachter Ansprüche für die Stilllegung landwirtschaftlicher Flächen aus Mitteln der Gemeinsamen Agrarpolitik zu prüfen.

Die Vereinten Nationen verabschiedeten im Dezember 1986 in einer Resolution einen Prinzipienkatalog zur Satellitenfernerkundung, die »United Nations Principles on Remote Sensing«.[29] Darin ist nicht nur eine grundsätzliche Erlaubnis zur Fernerkundung per Satellit enthalten, sondern es werden auch Fragen der Verteilung so genannter »roher Daten« und analysierter Informationen geregelt. Hierbei geht es insbesondere um den Ausgleich der widerstreitenden Interessen zwischen dem »Beobachter-Staat« und dem »beobachteten Staat«, letztlich also die Souveränitätsfrage. Es ist ferner darauf hinzuweisen, dass die Resolution zum einen kein bindendes Recht darstellt und zum anderen, dass sie nur Anwendung findet auf solche Satellitenfernerkundung, die zum Zweck des Managements natürlicher Ressourcen, zur landwirtschaftlichen Nutzung oder zu Zwecken des Umweltschutzes erfolgt. Fernerkundungsmissionen mit strategischem, insbesondere militärischem Hintergrund fallen nicht unter die Resolution.

Militärische Nutzung des Weltraums

Ein Wort deshalb in diesem Kontext zum militärischen Weltraumrecht, das nicht den Kern meines Vortrags ausmachen soll.[30] Es hat militärische Weltraumnutzung immer gegeben, und das Weltraumrecht verbietet kategorisch eigentlich nur die Positionierung von Massenvernichtungswaffen auf dem Mond und anderen Himmelskörpern. Ansonsten sind es zumeist bilaterale Rüstungskontroll- und Abrüstungsverträge, wie der SALT-Vertrag, der START-Vertrag und der Nichtverbreitungsvertrag (sog. Non-Proliferation Treaty), die weit detaillierter als das geltende allgemeine Weltraumrecht diesen Fragenbereich regeln. Aber es kann auch keinem Zweifel unterliegen, dass etwa

---

[27] Der 1984 verabschiedete Land Remote Sensing Commercialization (LANDSAT) Act (Public Law 98-365, 15 U.S.C. 4201 et seq.) sollte die Umwandlung des öffentlichen Fernerkundungssystems in private Trägerschaft sicherstellen.
[28] Dazu Wulf von Kries/Bernhard Schmidt-Tedd/Kai-Uwe Schrogl, Grundzüge des Weltraumrechts, München 2002, S. 203.
[29] Principles Relating to Remote Sensing of the Earth from Outer Space (UNGA Res. 41/65 vom 3. Dezember 1986); siehe auch Gabriella Catalano Sgrosso, International Legal Framework of Remote Sensing, in: Karl-Heinz Böckstiegel (Hg.), Legal Framework for Commercial Remote Sensing Activities, Proceedings of the Project 2001-Workshop on Legal Remote Sensing Issues, Köln 1998, S. 5 ff.
[30] Dazu etwa Wulf von Kries, in: Karl-Heinz Böckstiegel (Hg.), Handbuch des Weltraumrechts, Köln u.a. 1991, S. 307 ff.

die Fernerkundung der Erde durch Satelliten nicht nur zur Wettervorhersage, sondern auch zu militärischen Zwecken genutzt werden kann und tatsächlich auch genutzt wird.

Die Internationale Raumstation (ISS)
Als augenfälliges Beispiel für eine internationale Kooperation im Weltraum ist schließlich die Internationale Raumstation (ISS) zu nennen.[31] Diese Station ist ein Gemeinschaftsvorhaben der heute wichtigen Weltraumnationen, also der USA, Russlands, Japans, Kanadas sowie der ESA-Mitgliedstaaten (hier insbesondere Frankreich, Deutschland und Italien) in einer finanziellen Größenordnung von etwa 100 Milliarden Euro für einen Zeitraum von zehn Jahren (1998–2008). Sie soll in erster Linie der Grundlagen- und angewandten Forschung dienen und in einer Höhe zwischen 335 und 460 Kilometern bei einer Geschwindigkeit von 29 000 Kilometern pro Stunde die Möglichkeiten der Forschung unter Schwerelosigkeit im Bereich der Materialwissenschaft, der Fluidphysik und der Lebenswissenschaften ausnutzen. Die Station geht auf eine amerikanische Initiative aus den 80er Jahren zurück; 1988 kam es zum Abschluss des ersten Regierungsübereinkommens zwischen den Partnerstaaten, welches die Grundlagen der Zusammenarbeit regelte. Unter anderem die Einbindung Russlands machten Änderungen des Übereinkommens notwendig, so dass es 1998 zum Abschluss eines neuen Regierungsübereinkommens kam.[32] Die technische Durchführung wird in bilateralen Verträgen, sog. Memoranda of Understanding zwischen der NASA und den Partnern bzw. deren nationalen Raumfahrtagenturen geregelt. Europa steuert über die ESA das ja hier in Bremen gebaute sog. Columbus-Modul zur Raumstation bei.

IV. Neue Herausforderungen durch zunehmende Kommerzialisierung
Die meisten der vorstehend genannten Anwendungen haben gemeinsam, dass sie zunächst durch Staaten und internationale Organisationen initiiert wurden. Die Anfangsjahre der Raumfahrt waren geprägt von staatlichen Akteuren. Dies liegt vor allem darin begründet, dass derartige Systeme sehr hoher Investitionen bedürfen und die Raumfahrt, vor allem in der Anfangszeit, mit hohen finanziellen Risiken behaftet war. Zudem sind, wie angedeutet, viele Aspekte der Raumfahrt mit militärischen Interessen verknüpft.

Wie bereits einige der genannten Beispiele zeigen, ist diese Situation im Begriff, sich zu ändern. Mehr und mehr gehen einerseits die Staaten dazu über, Teile ihrer Raumfahrtaktivitäten zu kom-

---

[31] Dazu etwa André Farand, Legal Environment for the Exploitation of the International Space Station (ISS), IISL Proceedings 2000, S. 87 ff.
[32] Übereinkommen vom 29.1.1998 zwischen der Regierung Kanadas, Regierungen von Mitgliedstaaten der Europäischen Weltraumorganisation, der Regierung Japans, der Regierung der Russischen Föderation und der Regierung der Vereinigten Staaten von Amerika über Zusammenarbeit bei der zivilen Internationalen Raumstation, BGBl. 1998 II, S. 2447.

merzialisieren und auch zu privatisieren.[33] Andererseits drängen auch Private mit großen Investitionen auf potentiell lukrative Märkte, insbesondere in die Telekommunikation. Diese Kommerzialisierung der Weltraumaktivitäten hat auch wichtige Konsequenzen für die rechtlichen Rahmenbedingungen, die über Jahrzehnte in diesem Sektor galten. Das Weltraumrecht war zunächst eine Domäne des Völkerrechts, da die handelnden Akteure allein Staaten und internationale Organisationen waren. Mit der zunehmenden Relevanz privater Akteure muss auch eine Neuakzentuierung der rechtlichen Bedingungen einhergehen.

Die grundsätzliche Zulässigkeit privater Aktivitäten im Weltraum ergibt sich dabei aus Art. VI des Weltraumvertrages. Danach tragen die Staaten die Verantwortung für »nationale Aktivitäten im Weltraum«, egal, ob diese durch staatliche oder nichtstaatliche Stellen durchgeführt werden. Bei nichtstaatlichen Aktivitäten sind die Staaten für eine Genehmigung und eine ständige Überwachung verantwortlich. Dies bedeutet, dass auf nationaler Ebene entsprechende gesetzliche Vorschriften existieren müssen.[34]

Eine solche Genehmigung und Überwachung kann etwa in Deutschland nur auf gesetzlicher Grundlage geschehen. Dabei ist aber zu bemerken, dass es ein spezielles Gesetz, welches die Aktivitäten Privater im Weltraum regelt, bislang nicht gibt. Dies ist insofern problematisch, als dass Deutschland durch die erwähnte weite Definition des »Startstaates« bei Beteiligung deutscher Unternehmen an Weltraummissionen für auftretende Schäden nach dem Weltraumhaftungsabkommen international haftbar ist, und zwar der Höhe nach unbegrenzt. Ein Regress bei den handelnden Unternehmen ist mangels gesetzlicher Grundlage derzeit nicht möglich. Zudem kann es im staatlichen Interesse liegen, den Regressanspruch der Höhe nach zu begrenzen, um die für private Akteure entstehenden finanziellen Risiken möglichst gering zu halten und diese damit versicherbar zu machen. Weitere Regelungsinhalte können beispielsweise eine Versicherungspflicht, Fragen des Patentrechts und der Exportkontrolle sowie der Vermeidung von Umweltverschmutzung im Weltraum, dem so genannten Weltraum-Schrott oder auch space debris, sein.

Auch kann Deutschland nach derzeitiger Rechtslage seine Verpflichtung, Weltraumaktivitäten Privater zu genehmigen und zu überwachen, nur begrenzt wahrnehmen. Registriert werden deutsche Satelliten – entsprechend der erwähnten Verpflichtung nach dem Registrierungsabkommen – bislang nach den Vorschriften des Luftverkehrsgesetzes, welches in seinem § 1 Abs. 2 Satz 2 den Durchflug von Raketen und Raumfahrzeugen als Analogie zu Luftfahrzeugen behandelt, aber keine umfassende Genehmigung und Überwachung von Weltraummissionen leisten kann.

---

[33] Die Auswirkungen waren Forschungsgegenstand des Prokjektes 2001 des Kölner Instituts für Luft- und Weltraumrecht, siehe dazu Karl-Heinz Böckstiegel (Hg.), Project 2001 – Legal Framework for the Commercial Use of Outer Space, Schriften zum Luft- und Weltraumrecht, Band 16, Köln u.a. 2002.

[34] Umfassender Überblick bei Michael Gerhard, Nationale Weltraumgesetzgebung, Schriften zum Luft- und Weltraumrecht, Band 19, Köln u.a. 2002.

Wegen der stetig ansteigenden Relevanz privater Weltraumaktivitäten, die bereits dem Umfang nach die staatlichen Weltraumaktivitäten überholt haben, ist ein nationales Weltraumgesetz, welches die wesentlichen Fragen regelt, eine dringende Notwendigkeit. Solche Gesetze bestehen, in unterschiedlicher Ausprägung und Regelungsdichte, bereits in den USA, in Russland, Großbritannien, Schweden, Norwegen, Südafrika, der Ukraine, Australien und Hongkong, weitere Staaten bereiten entsprechende Gesetze vor.[35] Das Institut für Luft- und Weltraumrecht in Köln, welches im Jahre 2005 seinen 80. Geburtstag feiern wird und damit das älteste von weltweit nur drei bestehenden Instituten dieser Art ist,[36] stellt sich, in Zusammenarbeit mit dem Deutschen Zentrum für Luft- und Raumfahrt, dieser Aufgabe im Rahmen eines gemeinsamen Forschungsprojekts. Dieses Project 2001 Plus, welches sich über einen Zeitraum von fünf Jahren in verschiedenen Workshops mit den weltweiten und europäischen Herausforderungen für Luft- und Weltraumrecht an der Schwelle zum einundzwanzigsten Jahrhundert befasst,[37] wird Ende Januar 2004 in Berlin einen Workshop zum Thema »Nationale Weltraumgesetzgebung« durchführen, welcher sich mit weiteren Entwicklungen auf diesem Gebiet befassen soll. Dieser Workshop wird die umfangreichen Arbeiten des Instituts auf diesem Gebiet fortführen. Ziel ist es nicht zuletzt, eine internationale Harmonisierung zu erreichen, um Wettbewerbsverzerrungen und »forum shopping« – auch zu Lasten der Sicherheit – zu vermeiden.

V. Perspektiven

Nach all dem Gesagten stellt sich die Frage: Was sind die Perspektiven des Weltraumrechts? Zunächst einmal ist klarzustellen, dass das bisherige *corpus iuris spatialis* noch einiger Erweiterungen und Ergänzungen bedarf. Entsprechende Regelungslücken bzw. Unklarheiten, z.B. bezüglich der möglichen Entstehung von privaten Eigentumsrechten im Weltraum oder der Definition des Startstaates können und müssen in der Zukunft beseitigt werden; die Notwendigkeit nationaler Weltraumgesetzgebung ist bereits genannt worden.

Bei der Frage der Perspektiven ist auch auf den beginnenden Weltraumtourismus hinzuweisen. Derzeit ist eine Reise in der Weltraum und zur Raumstation ISS nur ein teurer Ausflug für wenige Wohlhabende, jedoch könnte dies der Beginn eines neuen Anwendungsbereichs der Raumfahrt sein. Zu den zahlreichen hiermit verknüpften Rechtsfragen gehören die Frage der Zulässigkeit solcher Aktivitäten bzw. der erforderlichen Genehmigungen, die Haftung des genehmigenden Staates bei Schäden, die Haftung des Anbieters, Fragen der Hoheitsgewalt und Kontrolle, strafrechtliche Aspekte bei Vergehen im Weltraum als hoheitsfreiem Gebiet, um nur einige zu nennen.

---

[35] Für Einzelheiten siehe Michael Gerhard, Nationale Weltraumgesetzgebung, Schriften zum Luft- und Weltraumrecht, Band 19, Köln u.a. 2002, S. 19 ff.
[36] Zur Geschichte des Instituts siehe Marietta Benkö/Horst Bittlinger, Institut für Luft- und Weltraumrecht der Universität zu Köln (1925–2000), Köln 2000.
[37] Siehe zu Projekt 2001 Plus: Stephan Hobe/Jana K. Hettling, Challenges to Space Law in the 21st Century – Project 2001 Plus, IISL Proceedings 2002, S. 51 ff.

Eng hiermit verknüpft und damit eine der Schlüsselfragen der künftigen Weltraumnutzung ist die Frage nach einem sicheren und preisgünstigen Zugang zum Weltraum, also die Frage nach Startdienstleistungen. Die wirtschaftliche Lage der Anbieter ist derzeit stark abhängig von den Telekommunikationsunternehmen, die neben den staatlichen Aufträgen die größte Gruppe von Interessenten an Startdienstleistungen stellen. Die derzeit schwierige Situation schlägt sich nieder in den hinlänglich publizierten wirtschaftlichen Problemen von Arianespace, dem weltweit größten und bislang erfolgreichsten Anbieter.

Und nicht unerwähnt sollte bleiben, dass es der Nutzergemeinschaft des Weltraums endlich gelingen sollte, stärker als bisher ein Regelwerk für eine umweltverträgliche Nutzung des Weltraums aufzustellen. Bisherige Ansätze, etwa für ein Regelungskorsett zum Fragenbereich des Weltraummülls, also des sog. space debris, der jetzt immerhin im technischen Unterausschuss des UN-Weltraumausschusses diskutiert wird, müssen letztlich in eine Konvention, zumindest jedoch in eine Prinzipiendeklaration, münden, will man den Weltraum als nutzbares, weil halbwegs sauberes Medium für die Zukunft erhalten.[38]

Neue Nutzungsarten werfen zudem immer neue rechtliche Fragen auf, die auch das Verhältnis von Luftrecht und Weltraumrecht betreffen. Im Luftrecht gilt, wie angedeutet, das Prinzip der Souveränität der Staaten über ihren Luftraum, während der Weltraum ein staatenfreier Raum ist, welcher dem im Weltraumvertrag niedergelegten Aneignungsverbot unterliegt. Diese grundlegend unterschiedlichen Ansätze werfen so lange keine Probleme auf, wie sich Aktivitäten eindeutig entweder dem Luftrecht oder dem Weltraumrecht zuordnen lassen. So ist der Durchflug eines Flugzeugs durch den Luftraum eines anderen Staates zweifellos dem Luftrecht unterworfen, während ein Satellit ohne Probleme dem Weltraum und den entsprechenden Rechtsregeln zugeordnet werden kann. Hingegen ist diese Grenzziehung weniger eindeutig, wenn man die Entwicklung so genannter »Aerospace planes« betrachtet. Prominentestes Beispiel ist weiterhin das amerikanische Space Shuttle,[39] welches bei der Rückkehr auf die Erde die charakteristischen Eigenschaften eines Flugzeugs aufweist, indem es den Auftrieb durch die Luft bei seinem Flug nutzt. Neue Formen des ins Auge gefassten Raumfahrttourismus,[40] der ja nicht gleich ein Hotel auf dem Mond oder Mars zum Inhalt haben muss, sondern sich auch in der Erfahrung von Mikro- oder völlig fehlender Gravitation an Bord eines Raumgleiters erschöpfen kann, werfen schwierige Abgrenzungsfragen zwischen Luft- und Weltraumrecht, natürlich auch Haftungsfragen und weitere rechtliche Probleme auf.

Last but not least muss darauf hingewiesen werden, dass dem Weltraum eine immer größere strategische Bedeutung zukommt. Der schnelle Austausch und Gewinn von Informationen ist in

---

[38] Siehe zu dem gesamten Problembereich Bernd Frantzen, Umweltbelastungen durch Weltraumaktivitäten, in: Karl-Heinz Böckstiegel (Hg.), Handbuch des Weltraumrechts, Köln u.a. 1991, S. 597 ff.
[39] Ein ausführlicher Bericht über die gegenwärtige Lage des Space Shuttle: Alternate Trajectories, Options for Competitive Sourcing of the Space Shuttle Program, RAND Study, Washington D.C., Dezember 2002.
[40] Dazu Yuri Takaya/Ricky Lee, Space Tourism and Permanent Human Settlement: The Legal and Regulatory Issues, Proceedings of the 43rd Colloquium on the Law of Outer Space, International Institute of Space Law 2000, S. 142 ff.

diesen Zeiten ohne den Weltraum unvorstellbar, man denke nur an Telekommunikation, GPS (bald auch Galileo) und die stetig wachsenden Spähfähigkeiten der Erdbeobachtungssatelliten. Diese Tendenzen, insbesondere die Bedeutung der Information, werden sich in den kommenden Jahren weiter verstärken. Militärische Operationen moderner Armeen sind ohne hochtechnisierte Weltraumtechnologien bereits heute undenkbar. Es bleibt zu hoffen, dass sich die Verantwortlichen auf die Grundgedanken der Schöpfer des Weltraumrechts besinnen werden und der Weltraum für friedliche Missionen bewahrt wird.

VI. Schlusswort

Meine Damen und Herren,

ich hoffe, Ihnen mit meinem Vortrag einen Einblick in die vielfältigen Facetten des Weltraumrechts gegeben zu haben. Einerseits ist das Weltraumrecht nur eines vieler Nebengebiete des Völkerrechts – und in zunehmendem Maße des internationalen Wirtschaftsrechts. Dass in Zukunft vielleicht auch in stärkerem Umfang das Europarecht einbezogen sein könnte, hat mit der Tatsache zu tun, dass der Europäischen Union im unlängst verabschiedeten Entwurf zu einer europäischen Verfassung eine gewisse Zuständigkeit in Raumfahrtfragen zuerkannt wurde[41] und entsprechend seit einer gewissen Zeit Verhandlungen zwischen der bislang in Paris ansässigen und für Raumfahrtfragen in Europa zuständigen Europäischen Weltraumagentur ESA und der Europäischen Union für die Neuordnung ihrer Beziehungen stattfinden, mit dem Ziel einer gewissen stärkeren Verankerung europäischer Weltraumaktivitäten und deren Administration in Brüssel.[42]

Nur am Rande gestreift habe ich die viel grundlegendere Frage, ob der Mensch überhaupt zur rechtlichen Regelung im Weltraum befugt ist. Dies rührt an grundlegende philosophische Positionen. Man wird aber wohl so viel sagen dürfen, dass es den Menschen, soweit es um die Regelungen ihrer eigenen Aktivitäten auch außerhalb des Irdischen geht, gestattet sein muss und auch erforderlich ist, eine normative Gestaltung des Verhaltens an der immer wieder sog. letzten Grenze (last frontier) vorzunehmen. Die dafür vom Völkerrecht zur Verfügung gestellten Zurechnungskategorien des Territorialitätsprinzips und des aktiven bzw. passiven Personalitätsprinzips kennzeichnen somit auch das Recht für Weltraumaktivitäten. Dies markiert allerdings auch insofern eine gewisse Grenze, als sich wirklich ethische Grenzen einer möglichen Regelungsbefugnis dann stellen können, wenn es auf anderen Planeten Formen von bisher von Menschen nicht erkanntem Leben geben sollte. Aber auch insofern weist etwa der internationale Mondvertrag mit der bewussten Auslassung eines Regelungsregimes für die wirtschaftliche Nutzung des Mondes und anderer Himmelskörper und dem Verweis darauf, dass dieses erst dann von der Staatengemeinschaft beschlossen werden solle, wenn solche wirtschaftliche Nutzung konkret machbar sei, auf eine gewisse, richti-

---

[41] Art. III-155 des Entwurfs.
[42] Derzeit steht ein Rahmenabkommen zwischen der Europäischen Weltraumagentur und der Europäischen Union vor dem Abschluss.

gerweise selbst auferlegte Grenze menschlicher Regelungsbefugnis hin. Ob man sich also für das für die Antarktis derzeit geltende Umweltschutzregime mit einem Moratorium für eine zukünftige wirtschaftliche Nutzung bzw. für das von der Seerechtskonvention eingeschlagene begrenzt liberale wirtschaftliche Nutzungsregime entscheidet, ist eine Frage, die erst in der Zukunft zu entscheiden sein wird.[43]

Schließen möchte ich mit einem Zitat des weltraumrechtlichen Pioniers Vladimir Mandl aus Pilsen aus dem Jahr 1932. Mandl schrieb in seinem wegweisend bahnbrechenden Werk »Das Weltraum-Recht – ein Problem der Raumfahrt«: »Sollten doch der Raumfahrt in Zukunft Zeiten legislatorischer Ungunst zuteil werden, so wird hoffentlich dieses Entwicklungsstadium des Raumrechts nicht lange dauern und mehrere vielversprechende Versuche werden wohl bald einen Wechsel in der misstrauischen Stellungnahme des Gesetzgebers gegenüber den Raumfahrtproblemen bewerkstelligen.«[44]

Diese Zeilen möchte ich sozusagen als optimistischen Ausblick der Hoffnung eines Weltraumrechtlers auf die zukünftige nationale, europäische und internationale Gesetzgebung für Weltraumaktivitäten auch für die heutige Zeit so stehen lassen.

Sie haben hoffentlich gesehen, dass es vielfältige Problemstellungen der Weltraumforschung und -nutzung zu bewältigen gilt, und dass das Recht hierbei eine maßgebende Rolle spielt. Denn die Raumfahrt gehört zu den Realitäten des 21. Jahrhunderts, und dieses Jahrhundert wird möglicherweise auch noch stärkere wirtschaftliche Nutzungspotentiale des Weltraums hervorbringen. Diese Nutzungspotentiale in einer möglichst friedfertigen und umweltgerechten Weise zu heben, ist die Aufgabe, die vor den Weltraumakteuren steht. Diese Entwicklung rechtlich zu begleiten, ist die Aufgabe des mit Weltraum und Himmelskörpern befassten Juristen. Eine lohnende Aufgabe, wie ich finde.

Vielen Dank.

---

[43] Zur Gesamtproblematik immer noch grundlegend Rüdiger Wolfrum, Die Internationalisierung staatsfreier Räume, Berlin u.a. 1984.
[44] Vladimir Mandl, Das Weltraumrecht – Ein Problem der Raumfahrt, Mannheim u.a. 1932, S. 16.

Gunter Widmaier

Gerechtigkeit: Aufgabe von Justiz <u>und</u> Medien?[1]

Wie es sich für einen ordentlichen Vortrag gehört, kommt auch dieser nicht ohne einige Vorbemerkungen aus.

Schon die erste hat es in sich, obwohl sie nur definitorischer Natur ist. Wenn wir uns dem Thema des Vortrags nähern wollen – Gerechtigkeit – Aufgabe von Justiz <u>und</u> Medien? –, sollten wir uns zunächst der Bedeutung der drei Schlüsselbegriffe Gerechtigkeit, Justiz und Medien vergewissern. Die beiden Letzteren sind allerdings recht unproblematisch.

<u>Justiz</u> kann umfassend verstanden werden als die Arbeit der Gerichte, der Staatsanwaltschaften und der Anwaltschaft an einem rechtlich zu beurteilenden Lebenssachverhalt. Ob diese Arbeit – um mein Fachgebiet des Strafrechts anzusprechen – sich noch im Stadium staatsanwaltschaftlicher Ermittlungen im Vorfeld der Anklage befindet, ob es um die Hauptverhandlung selbst geht oder um die nachträgliche Umsetzung der getroffenen Entscheidung, spielt dabei keine Rolle. Auch müssen wir uns nicht auf den Strafprozess beschränken, denn unsere Definition umfasst mutatis mutandis auch die Arbeit der anderen Gerichtsbarkeiten.

Auch den Begriff <u>Medien</u> können wir ohne große Probleme definieren. Medien sind im hier interessierenden Kontext die Mitarbeiter und Organe der Fernseh-, Rundfunk- und Presseberichterstattung, die sich mit der Arbeit der Justiz aus professionellem Interesse beschäftigen, um die Menschen, die nicht selbst im Gerichtssaal anwesend sein können, über das zu informieren, was dort geschieht.

Was bedeutet nun aber <u>Gerechtigkeit</u>? Um sich adäquat mit dieser Frage auseinander zu setzen, bedürfte es mindestens eines rechtsphilosophischen Seminars. Dafür ist hier nicht der Platz. Für unser Thema kann Gerechtigkeit in einem umfassenden und zugleich etwas diffusen Sinn als ein Ergebnis sozialer Auseinandersetzungen verstanden werden, das der großen Mehrheit der Menschen auf einer emotionalen Ebene spontan einleuchtet, bei dem man einfach denkt, das »geht in Ordnung«. Ein so weites Verständnis von Gerechtigkeit ist nicht »justiztypisch«, sondern umfasst erkennbar alle denkbaren Lebenssachverhalte. Hierunter lässt sich die aktuelle Debatte um Gesundheitsreform und Rentenbeiträge ebenso fassen wie die Frage nach der Verteilung von Geld und Gütern. Gerechtigkeit in diesem weiten Sinne ist auch ganz sicher nicht nur Aufgabe der Justiz und der Medien – oder gar nur der Justiz allein –, sondern sie ist eine Aufgabe mindestens aller Träger der Staatsgewalt, eigentlich sogar eines jeden Menschen, weil doch die Institutionen des Staates

---

[1] Inhaltlich unveränderte und nur durch wenige Fußnoten ergänzte Fassung eines Vortrages, den der Verfasser am 31. Oktober 2003 in Bremen vor der Juristischen Gesellschaft Bremen und der Ständigen Deputation des Deutschen Juristentags gehalten hat.

letzten Endes nur geschaffen wurden, um das durchzusetzen, was die Menschen zwar wünschen oder jedenfalls für nötig halten, was sie aber als Einzelne nicht in Kraft zu setzen vermögen.

Geht man von diesem sehr weiten Gerechtigkeitsbegriff aus, dann ist auch die Berichterstattung durch die Medien über die Arbeit der Justiz ein Teil der Suche nach der Wahrheit und in diesem Sinne zugleich ein Beitrag zum Streben nach Gerechtigkeit. Denn was nützte die Gerechtigkeit im Einzelfall, wenn sie von der Öffentlichkeit ganz unbemerkt bliebe? Sicher, für die konkreten Beteiligten ist Gerechtigkeit im Einzelfall bereits ein bedeutsames Ergebnis. Wer in einen Prozess verwickelt wird und am Ende die Erfahrung macht, dass er, wenn er schon nicht gewonnen, so doch wenigstens aus einsehbaren Gründen verloren hat, wird bereits ein gewisses Vertrauen in die Justiz bekommen. Doch die Justiz muss und will die Ergebnisse ihrer Arbeit auch einer größeren Öffentlichkeit vermittelt wissen. Das gesamte Konzept der strafrechtlichen Generalprävention setzt voraus, dass die als abschreckend gedachte Verurteilung eines Straftäters über den Kreis der eigentlich am Verfahren Beteiligten hinaus bekannt wird. Wäre das nicht der Fall, so würde die abschreckende Wirkung strafrechtlicher Verurteilung zweifellos noch geringer sein, als sie es ohnehin schon ist.

Lassen Sie mich ein anderes strafrechtliches Beispiel für das Angewiesensein der Justiz auf diese Art der flankierenden Unterstützung durch die Medien ansprechen: Nach § 56 Abs. 3 des Strafgesetzbuches darf eine an sich bewährungsfähige Freiheitsstrafe ausnahmsweise nicht zur Bewährung ausgesetzt werden, wenn die Verteidigung der Rechtsordnung die Vollstreckung gebietet. Wird ein sonst untadeliger Bürger wegen einer Trunkenheitsfahrt mit schweren Unfallfolgen zu einer Freiheitsstrafe von einem Jahr verurteilt – einer Strafhöhe, die bei guter Sozialprognose an sich zwingend mit Bewährungsaussetzung verbunden ist –, so liegt es trotz der generellen Untadeligkeit dieses Bürgers nicht fern, dass eine solche Bewährungsentscheidung »für das allgemeine Rechtsempfinden unverständlich erscheinen müßte und das Vertrauen der Bevölkerung in die Unverbrüchlichkeit des Rechts und den Schutz der Rechtsordnung vor kriminellen Angriffen dadurch erschüttert werden könnte« (so die Definition des Begriffs der »Verteidigung der Rechtsordnung« durch den Bundesgerichtshof[2]).

Andererseits mag es sich im Einzelfall doch auch so verhalten (wie der Bundesgerichtshof in derselben Grundsatzentscheidung formuliert[3]), »dass die von dem Sachverhalt voll und zutreffend unterrichtete Bevölkerung die Strafaussetzung verstehen und billigen würde, ohne in ihrem Rechtsgefühl verletzt und in ihrer Rechtstreue beeinträchtigt zu werden (z.B. wenn der Täter selbst erheblichen Körperschaden davongetragen hat oder wenn sein Verschulden geringer wiegt als dasjenige des verunglückten Opfers)«. Damit bezieht sich der Bundesgerichtshof stillschweigend, aber unmissverständlich auf eine Idealvorstellung von den Medien, in deren Hand es liegt, die Bevölke-

---

[2] Vgl. BGH St 24, 64 (66).
[3] AaO S. 69.

rung »von dem Sachverhalt voll und zutreffend zu unterrichten«. Erfüllen die Medien im Einzelfall diese Aufgabe nicht, weil sie entweder über den Fall gar nicht oder verzerrt berichten, so muss das Gericht seine Prüfung an der gedanklichen Hypothese einer durch verantwortungsbewusste Medien vollständig und zutreffend unterrichteten Öffentlichkeit ausrichten. Auf verantwortungsbewusste Medien ist die Justiz mithin schon deshalb angewiesen, weil nur so die Verankerung ihrer Entscheidungen im Gerechtigkeitsempfinden der Bevölkerung aus der Hypothese in die Realität überführt werden kann.

Damit dienen in der Tat beide – Justiz <u>und</u> Medien – der Gerechtigkeit. Das gilt übrigens gerade auch dann, wenn ein gerichtliches Verfahren aus dem Ruder läuft und seine vergiftete Atmosphäre befürchten lässt, dass es mehr schlecht als recht zu Ende gebracht werden wird. In einem solchen Fall vermag die kritische Begleitung durch die Medien vielleicht für das konkrete Verfahren nichts mehr auszurichten – aber möglicherweise kann sie im Sinne der speziellen Form einer justizadressierten Generalprävention bewirken, dass andere Prozesse anders und besser geführt werden. Auch Justizkritik der Medien ist in diesem Sinne Dienst an der Gerechtigkeit.

Lassen Sie mich noch eine zweite Vorbemerkung machen. Anders als die erste ist sie nicht definitorischer, sondern eher dekorativer Natur. Man könnte ihr die Überschrift geben: »Blind und taub – zwei typische Defizite im Umgang mit der Wirklichkeit.«

Wenn man sich mit dem Thema Justiz und Medien beschäftigt, so fällt auf, dass man mit nur geringer Übertreibung sowohl der Justiz als auch den Medien eine defizitäre Wahrnehmung der Wirklichkeit bescheinigen kann und muss. Wir alle kennen die Darstellungen der blinden Göttin Justitia, die in der einen Hand eine Waage, in der anderen ein Schwert hält als Insignien des Strebens nach Gerechtigkeit. Interessant ist aber, dass Justitia nicht im physiologischen Sinne blind ist. Vielmehr hat sie sich die Augen willentlich verbunden und damit den Sehsinn ausgesperrt, um ihr Urteil im Wortsinne »ohne Ansehen der Person« sprechen zu können. Das versinnbildlicht sehr schön, worauf es in der Jurisprudenz – und besonders im Prozess als deren wichtigster Erscheinungsform – eigentlich ankommt: nämlich auf das <u>Argument</u>, jenes intellektuelle Konstrukt, das den anderen verstandesmäßig (und auch möglichst emotional) überzeugen soll. Es ist von daher sicher kein Zufall, wenn sich in der Rechtssprache schon seit langem Begriffe häufen, die diesen besonderen Sinneszugang zur Wirklichkeit widerspiegeln, etwa die alte Rechtsregel »audiatur et altera pars« oder das grundrechtsgleiche Recht auf Gewährung rechtlichen Gehörs. Der Gesichtssinn tritt zurück: Der Rechtsuchende soll keinen Vorteil aus seinem angenehmen Äußeren ziehen dürfen und umgekehrt nicht darunter leiden, wenn ihm diese Eigenschaft fehlt. Die Waagschale soll sich im Prozess zugunsten desjenigen neigen, dessen <u>Argumente</u> schwerer wiegen.

Diesem Befund steht im Übrigen nicht entgegen, dass in den Gerichtssälen jeden Tag vielfach der Augenschein eingenommen wird, denn das betrifft gerade nicht die rechtliche Bewertung eines Sachverhalts, sondern die Feststellung des Sachverhalts selbst. Von daher ist es auch nur eine geringfügige Inkonsequenz, wenn die Rechtsprechung heutzutage einem blinden Richter die Mitwirkung jedenfalls in der Tatsacheninstanz verwehrt; denn hier kommt es in der Tat <u>nicht</u> allein auf das Rechtliche an[4].

Ein ähnliches Phänomen lässt sich im Bereich der Medien beobachten, wenn auch nicht ganz so offenkundig und sinnfällig. Generelle Intention der Medien ist es, dass wir uns, die wir an den Ereignissen zumeist nicht direkt beteiligt sind, »ein Bild machen« können. Wir sollen uns also in großem Umfang desjenigen Sinneskanals bedienen, der beim Menschen physiologisch die wichtigste Rolle spielt, den kürzesten Zugang zur Reizverarbeitung hat und deshalb den größten Einfluss auf die Meinungsbildung ausübt. Und so kommt es, dass nicht nur in der Fernsehberichterstattung, sondern auch in den Printmedien ein Ereignis oftmals durch ein einzelnes Bild schlaglichtartig dargestellt wird, das, wie unter dem Brennglas, die vielfältigen Aspekte eines Ereignisses fokussiert. Welche Kraft ein solches Bild im Einzelfall haben kann, haben selbst die Redakteure der »Frankfurter Allgemeinen Zeitung« zugestanden, indem sie am 12. September 2001 zum ersten und einzigen Mal in der Geschichte dieser Zeitung ein Foto auf der Titelseite druckten – das etwas verschwommene Bild eines Flugzeuges, das auf das World Trade Center zufliegt, über dem sich bereits eine gewaltige Rauchwolke erhebt. Bei aller eingehenden Wortberichterstattung konnten und wollten die Verantwortlichen auch dieser Zeitung an diesem Tag nicht auf die suggestive Macht des Bildes verzichten.

Die Suche nach einem Bild, das ein Ereignis in solcher Weise verdichtet, birgt allerdings die Gefahr, dass die Medien auf Zwischentöne nicht mehr achten oder sie jedenfalls in der Berichterstattung nicht mehr wiedergeben. Die Konzentration insbesondere des Fernsehens auf das Bild lässt die Nuancen des Gesagten oft untergehen. Nicht von ungefähr sind die Statements, wie man sie etwa von Politikern in den Nachrichten hören kann, durch extreme Kürze gekennzeichnet. Das wirft die Frage auf, ob hier überhaupt noch das gesprochene Wort eine zentrale Position einnehmen soll oder ob an seine Stelle in Wahrheit nur ein etwas längeres, sich bewegendes Bild tritt.

Blind und taub – diese Bezeichnungen für Sinnesdefizite lassen sich für unser Thema auch ins Positive wenden. Justitielle Gerechtigkeit erfordert ein den äußeren Schein ausblendendes, differenziertes und ganz auf die Sache konzentriertes Abwägen und Entscheiden. Diese Qualitäten teilen sich nicht ohne weiteres nach außen mit. Aber über die Medien, die die Justiz kritisch begleiten und über das Justizgeschehen bildhaft, vielleicht plakativ vereinfachend berichten, kann die Justiz das Gerechtigkeitsbewusstsein des Volkes erreichen. Man braucht dafür nicht gleich das Bild vom gehörlosen Blindenführer zu bemühen.

Nach diesen längeren Vorbemerkungen möchte ich mich meinem Thema unter dem Aspekt typischer <u>Friktionen im Verhältnis von Justiz und Medien</u> zuwenden, Friktionen, die das Ideal einer gemeinsamen Ausrichtung am Streben nach Gerechtigkeit als Illusion erscheinen lassen können. Aus dem mir nahe stehenden Bereich des Strafverfahrens greife ich die Problembereiche:

---

[4] Vgl. BGH St 34, 236.

- der Vorverurteilung eines Angeklagten (auch der Vorfreispruch gehört hierzu)
- und der Übertragung von Gerichtsverhandlungen im Fernsehen nach Art des Simpson-Verfahrens

heraus. Zu beiden Problemkreisen existiert inzwischen (gerade auch in den von diesen Erscheinungen besonders betroffenen Vereinigten Staaten von Amerika) eine fast nicht mehr zu übersehende Literatur. Neue Gedanken beizusteuern, ist deshalb kaum möglich. Aber ich möchte doch versuchen, einige mir wichtig erscheinende Gesichtspunkte zu verdeutlichen.

Lassen Sie mich mit einem Beispielsfall beginnen:

Im Oktober 2002 versetzte ein Heckenschütze die Menschen in der Umgebung von Washington in Angst und Schrecken. Binnen drei Wochen tötete er zehn Menschen durch Schüsse aus dem Hinterhalt und verletzte drei weitere. Als Tatverdächtige wurden später zwei Männer im Alter von jetzt 42 und 18 Jahren festgenommen. In ihrem Besitz fand sich ein Scharfschützengewehr, wie es den kriminaltechnischen Untersuchungen zufolge für die Anschläge verwendet wurde. Vorletzte Woche hat nun im US-Bundesstaat Virginia der Prozess gegen den Älteren der beiden Verdächtigen begonnen, einen Veteranen des Golfkriegs von 1990. Die führende deutsche Boulevardzeitung weist in ihrer online-Ausgabe vom 21. Oktober 2003 unter der bemerkenswerten Überschrift »Heckenschütze: Ich bin unschuldig« auf den Prozessbeginn hin. Der unbefangene Leser würde vielleicht denken, dass der Angeklagte nur eins von beidem sein könne, entweder Heckenschütze oder unschuldig. Er würde vielleicht weiter denken, dass bei Beachtung der Europäischen Menschenrechtskonvention und der Unschuldsvermutung des deutschen Rechts nur die Bezeichnung als »mutmaßlicher Heckenschütze« zulässig gewesen wäre. Derartige Bedenken hat die erwähnte Boulevardzeitung offenbar nicht gehabt, und das, obwohl ihre Quelle, der Fernsehsender CNN, den Verdächtigen zwar beim vollen Namen nannte und auch sein Bild vielfach veröffentlichte, ihn aber doch immerhin lediglich als »sniper suspect«, als Verdächtigen also bezeichnete.

Allerdings muss ich zugeben, dass der Wert einer solchen Einschränkung nicht sehr groß ist, wenn man betrachtet, was man auf CNN.com oder CourtTV.com alles an »Hintergrundinformationen« zur Person des Verdächtigen und zum Fall selbst abrufen kann. Da sind es noch harmlose Details, wenn die Jury-Mitglieder im Stile von »Black woman, unemployed« oder »White man, retired navy officer« beschrieben werden und mitgeteilt wird, dass der seinerzeit für die Ermittlungen verantwortliche Polizeichef jetzt die Genehmigung erhalten hat, sein dienstliches Wissen in einem Buch zu verarbeiten. Schon interessanter sind da die »key documents« des Falles, die von einer Firma mit dem hübschen Namen »TheSmokingGun.com« bereitgestellt werden und zu denen – natürlich – auch die Anklageschrift gegen den »sniper« gehört. Und demnächst – wohl kurz vor der Urteilsberatung durch die zwölf Geschworenen – wird bei CourtTV.com in der Rubrik »The 13th Juror – Der dreizehnte Geschworene« jeder Interessierte über Internet wenigstens virtuell über die Frage des Tages mit abstimmen können: ob nämlich der als »sniper« Angeklagte schuldig oder nichtschuldig ist. Diese Form von »Wie würden Sie entscheiden?« ist in den USA längst etabliert. Ich vertraue auf die Eigenverantwortung unserer Medien, solchen Versuchungen zu widerstehen.

Wen übrigens der Sniper-Fall langweilt, der kann sich in gleicher Intensität mit anderen aufsehenerregenden Fällen beschäftigen, etwa dem des Basketballspielers Kobe Bryant, der vor Gericht steht, weil er eine junge Frau vergewaltigt haben soll. Im CourtTV wird die Verhandlung live übertragen, nicht anders als damals der Simpson-Prozess.

In Deutschland sind wir vor solch extremer Verfahrensöffentlichkeit durch § 169 des Gerichtsverfassungsgesetzes geschützt. Die Vorschrift lautet:

»Die Verhandlung vor dem erkennenden Gericht einschließlich der Verkündung der Urteile und Beschlüsse ist öffentlich. Ton- und Fernseh-Rundfunkaufnahmen sowie Ton- und Filmaufnahmen zum Zwecke der öffentlichen Vorführung oder Veröffentlichung ihres Inhalts sind unzulässig.«

Diese gesetzliche Regelung wird allerdings auch bei uns zunehmend in Frage gestellt[5]. Nachdrücklich wird auf die gewachsene Bedeutung des Fernsehens für die öffentliche Meinungsbildung hingewiesen. Es erlaube dem Publikum, sich »ein Bild« von einer Staatsgewalt zu machen, die auf möglichst breite Vermittlung ihrer Werte angewiesen sei. Ich halte dies für gänzlich verfehlt und möchte versuchen, die Unstatthaftigkeit von Fernseh- und Rundfunkübertragungen aus dem Gerichtssaal etwas allgemeiner zu begründen.

Das Urteil wird »Im Namen des Volkes« gesprochen, aber nicht vom Volk. Der repräsentativen Demokratie, in der wir leben, entspricht in diesem Sinne eine repräsentative Justiz. Aber die Justiz hat kein gebundenes Mandat. In der Erfüllung ihrer Aufgaben sind die Richter unabhängig, unabhängig auch von dem Volk, das sie repräsentieren, oder konkret für unser Problem: unabhängig von Meinungen und Auffassungen, die sich im Volk zu einzelnen Rechtssachen bilden, gleichviel, worin sie ihren Ausdruck finden: in Demonstrationen vor dem Gerichtsgebäude oder in einer meinungsbildenden Presse- oder Fernsehberichterstattung.

Kraft dieser ihrer Unabhängigkeit befindet sich die Justiz bei der Erfüllung ihrer Aufgaben in einer begrifflichen Distanz zu dem von ihr repräsentierten Volk. Dies redet nicht einer Lebens- und Volksferne der Justiz das Wort. Umgekehrt besagt die gewünschte »Volksnähe« nicht, dass die Justiz auf den Markplatz gehen dürfte. Sie muss ihre Arbeit so verrichten, wie sich dies aus der Natur ihrer Aufgaben ergibt. Dabei unterliegt sie der Kontrolle durch die Öffentlichkeit. Diese Kontrolle darf die Arbeit der Justiz aber nicht strukturell verändern, wie es der Fall wäre, wenn Gerichtsverhandlungen über einzelne Rechtssachen einzelner Bürger über CourtTV bundesweit ausgestrahlt werden würden. Vielmehr entspricht der repräsentativen Justiz ihre repräsentative Kontrolle durch die Personen – Publikum und Pressevertreter – die im Gerichtssaal anwesend sind und die die demokratische Öffentlichkeit vertreten.

---

[5] Zum jüngsten – noch erfolglosen – Versuch vgl. Bundesverfassungsgericht, Urteil vom 24. Januar 2001 – 1 BvR 2623/95 und 1 BvR 622/99 – BVerfGE 103, 44 mit abweichender Meinung des Richters Kühling, der Richterin Hohmann-Dennhardt und des Richters Hoffmann-Riem.

Genau besehen überwölbt diese Überlegung auch den berechtigten Hinweis auf die Notwendigkeit des Persönlichkeitsschutzes der Verfahrensbeteiligten (zu denen im Strafverfahren nicht zuletzt die Tatopfer gehören[6]). Nur in dem Maße muss sich ein Verfahrensbeteiligter »der Öffentlichkeit stellen«, als diese Öffentlichkeit über das justizförmige Maß an repräsentativer Öffentlichkeit nicht hinausgeht. »Totalöffentlichkeit« ist justizfremd. Und wenn im Einzelfall auch die nur »repräsentative Öffentlichkeit« die berechtigten Belange des Persönlichkeitsschutzes eines Betroffenen über Gebühr beeinträchtigen würde, dann erlaubt das Gesetz den Ausschluss jeglicher Öffentlichkeit.

Diese Maßstäbe gelten allerdings nicht für die Fernsehöffentlichkeit von Urteilsverkündungen des Bundesverfassungsgerichts. Wenn ein Verfassungsorgan seine – in ihrer Wirkung nicht selten gesetzesgleichen – Entscheidungen bekannt gibt, hat dies eine grundsätzlich andere Qualität als die gerichtliche Verhandlung und Entscheidung in einer individuellen Rechtssache. Aufgrund ähnlicher Überlegungen lässt auch der Europäische Gerichtshof für Menschenrechte in Straßburg die Fernsehübertragung der Verkündung seiner Entscheidungen zu.

Zurück zum Problem der Vorverurteilung in den Medien durch verzerrende Berichterstattung. Im Gefolge der »Parteispenden-Affäre« – Mitte der 80er Jahre – war dieses Thema Gegenstand heißer rechtspolitischer Diskussionen. Aus der Eigenbetroffenheit der Parteien heraus ersuchte der Deutsche Bundestag in einem förmlichen Beschluss die Bundesregierung um Prüfung,

»ob der Grundgedanke des angelsächsischen Prozessrechts, dass öffentliche Vorverurteilungen ein faires Verfahren nicht erschweren dürfen, in das deutsche Strafprozessrecht übernommen werden kann«[7].

Die Bundesregierung hielt – auf der Grundlage auch eines rechtsvergleichenden Gutachtens – in ihrem Bericht vom Dezember 1985 »eine Verschärfung der strafrechtlichen Vorschriften, etwa in Richtung auf einen dem englischen Strafrecht vergleichbaren Straftatbestand des ›contempt of court‹ nicht für angezeigt«[8] und begrüßte zugleich »alle Bestrebungen, durch ein freiwilliges Kontrollsystem der in den Medien Tätigen den Persönlichkeitsschutz zu verbessern und der Gefahr von öffentlichen Vorverurteilungen entgegenzuwirken«[9].

Seit dieser Debatte besteht in Deutschland im Wesentlichen Einigkeit darüber, dass das Problem der öffentlichen Vorverurteilung nicht durch neue Rechtsvorschriften und Gesetze zu lösen ist. Die freiheitliche Demokratie muss damit um ihrer inneren Freiheit willen aus eigener Kraft fertig werden. Den unmittelbar Betroffenen steht die Justiz zur Seite und gewährt ihnen bei krasser Verletzung ihrer Persönlichkeitsrechte zivilgerichtlichen Rechtsschutz. Das trifft nicht nur Presseorgane; auch staatsanwaltschaftliche Informationsverzerrung hat schon Verurteilungen zu Schadenser-

---

[6] Aber nicht nur sie, sondern auch der verurteilte Täter, vgl. BVerfGE 35, 202.
[7] Beschluss vom 24. Mai 1984, BTDrucks. 10/1496.
[8] BTDrucks. 10/4608 S. 33.
[9] AaO S. 33; grundsätzlich zum Problem auch Hassemer, NJW 1985, S. 1921.

satz nach sich gezogen. Im Übrigen erweist sich das Prinzip demokratischer Eigenverantwortung – hier ausgeübt durch die etablierten Organe der Medien-Selbstkontrolle – als durchaus wirksam. Aber es liegt in der Natur der Sache – genauer: in der Natur der Meinungsfreiheit –, dass Grenzüberschreitungen unvermeidbar sind und jeden Tag aufs Neue vorkommen. Damit müssen wir in der freiheitlichen Demokratie um unserer Freiheit willen leben.

Am wenigsten gefährdet durch solche Verzerrungen durch Vorverurteilungen oder Vorfreisprüche ist freilich die Justiz selbst. Wir erwarten von unseren Richtern, dass sie mit allen – auch negativen – Erscheinungen der Meinungs-, Presse- und Medienfreiheit umgehen können und ihre Unabhängigkeit dadurch beweisen, dass sie ihre Entscheidungen nicht an der plakativen Etikettierung eines Falles, sondern an dessen sorgfältiger Aufklärung und abwägender Beurteilung ausrichten. Bei diesem Verständnis richterlicher Tätigkeit wirkt es fast schon komisch, wenn in den USA – gewissermaßen als Gegengewicht zur extrem populistischen Ausschlachtung der Justiz durch CourtTV – die Geschworenen während der Laufzeit eines Prozesses in Quarantäne genommen und von jeder Informationsquelle ferngehalten werden. Denkt man allerdings an die guilty/not-guilty-Abstimmung in CourtTV, so mag diese seltsame Maßnahme doch wieder berechtigt erscheinen.

Wir können mit Befriedigung feststellen, dass unsere Justiz ihre Unabhängigkeit auch gegenüber einzelfallbezogenen meinungsbildenden Medienberichten im Wesentlichen erfolgreich behauptet. So gab und gibt es immer wieder Versuche, die Einstellung eines Strafverfahrens mit der Begründung zu erreichen, dass in dem dort angeblich entstandenen Klima der öffentlichen Vorverurteilung ein fairer Prozess nicht mehr möglich sei. In keinem Fall hat die Justiz vor dieser – sicherlich manchmal ihre innere Unabhängigkeit hart auf die Probe stellenden – Herausforderung kapituliert.

Gefährdet sind aber weithin die Politiker, wenn sie sich – man kann es nachvollziehen – von der öffentlichen Meinung und damit auch von öffentlicher Vorverurteilung nicht zu lösen vermögen. Symptomatisch ist der Fall des »Florida-Rolf«.

Im August dieses Jahres verpflichtete das Oberverwaltungsgericht Lüneburg das Landessozialamt Niedersachsen, einem in Miami lebenden Sozialhilfeempfänger die Miete für seine Wohnung – 875 Dollar pro Monat – jedenfalls so lange zu bezahlen, bis er eine billigere Wohnung gefunden hätte. Dass dem Rentner Hilfe zum Lebensunterhalt zusteht, war unstreitig. Der Mann war Anfang der 80er Jahre in die USA gegangen und hatte sich dort seinen Lebensunterhalt zunächst als Immobilienmakler verdient, bis gesundheitliche Probleme ihn zwangen, seinen Beruf aufzugeben. Die Behandlung seiner Krankheit zehrte seine Ersparnisse auf, so dass er schließlich auf Sozialhilfe angewiesen war. Nach Auffassung des Oberverwaltungsgerichts war dem an einer unheilbaren Depression erkrankten und mit Selbstmordgedanken Umgehenden auch nicht zuzumuten, nach Deutschland zurückzukehren.

Dieser an sich nicht besonders spektakuläre Fall hat zu einem wahren Aufschrei in den Boulevardzeitungen geführt. Die »Bild-Zeitung« druckte ein Foto des in die Kamera lächelnden Mannes mit dem Text »Er lacht uns alle aus«. Die Leser der Zeitung wurden aufgefordert zu schildern, wie hart sie arbeiten müssten, um so viel zu verdienen, wie der vermeintliche Abzocker an Sozialhilfe erhielt. Politiker aller Parteien sprachen von Missbrauch der Sozialhilfe, die Bundesministerin für Gesundheit und Soziales kündigte umgehend eine Gesetzesänderung an. In ihrer hierzu verbreiteten Presseerklärung vom 2. September 2003 heißt es unter anderem: »Den Missbrauch bei der Sozialhilfegewährung im Ausland werden wir beenden. (…) Sozialhilfe unter Palmen wird es künftig nicht mehr geben.« Künftig soll nur noch in wenigen »absoluten Ausnahmefällen« an im Ausland lebende Deutsche gezahlt werden. Diese Äußerung legt gleichsam regierungsamtlich fest, was wir aus der Presse bereits zu wissen glaubten: Hier liegt ein Fall des Missbrauchs unseres Sozialsystems vor, ja wahrscheinlich sogar Betrug. Gut, dass dem jetzt ein Riegel vorgeschoben wird, und zu ärgerlich nur, dass das Oberverwaltungsgericht noch darauf hereingefallen ist.

Wer allerdings jetzt noch so viel emotionale Distanz zu dem Fall aufbringt, dass er einen Blick ins Gesetz werfen kann, der stutzt. Einschlägig ist § 119 Bundessozialhilfegesetz. Dessen Absatz 1 lautet:

»Deutschen, die ihren gewöhnlichen Aufenthalt im Ausland haben und im Ausland der Hilfe bedürfen, kann in besonderen Notfällen Sozialhilfe gewährt werden.«

Es scheint angesichts des Gesetzeswortlauts prima facie nicht so zu sein, dass man sich seine Stütze so ohne weiteres im Ausland auszahlen lassen könnte. Im Gegenteil: Dass die Hilfe einen »besonderen Notfall« voraussetzt und auch dann zwar gewährt werden kann, aber nicht muss, das klingt fast so, als ob es einem erst wirklich schlecht gehen müsste. Wer unter diesen Voraussetzungen tatsächlich im Ausland Sozialhilfe bezieht, wird eher Mitleid verdienen als Häme. Jedenfalls kann es vor diesem Hintergrund nicht verwundern, dass die Gesamtzahl der Deutschen, die im Ausland Sozialhilfe bezieht, genau 1055 beträgt. Diese Zahl relativiert sich noch weiter, wenn man bedenkt, dass in Deutschland insgesamt etwa 4,2 Millionen Menschen Sozialhilfeleistungen erhalten, darunter knapp 2,7 Millionen laufende Hilfe zum Lebensunterhalt und fast 1,5 Millionen Hilfe in besonderen Lebenslagen.

Die – wohl demnächst in Kraft tretende – Gesetzesänderung wird also ins Leere gehen, weil Sozialhilfe im Ausland auch bisher nur in »absoluten Ausnahmefällen« gewährt wurde. Aber die Initiative der Ministerin verkauft sich gut. Denn die Berichterstattung über »Florida-Rolf« hat erkennbar einen Nerv getroffen. Offenbar gab und gibt es einen Konsens darüber, dass, wer auf Kosten der Allgemeinheit lebt, dies gefälligst im kalten und regnerischen Deutschland tun soll und nicht an einem Ort, der im öffentlichen Bewusstsein untrennbar mit der Vorstellung eines besonders angenehmen Lebens verbunden ist, wie man es – wenn überhaupt – nur aus dem Urlaub kennt. Dabei bleibt jede Differenzierung auf der Strecke.

Aber könnten Sie sich vorstellen, dass sich die Richter des Bundesverwaltungsgerichts, wenn sie in nächster Instanz über den Fall von »Florida-Rolf« zu entscheiden hätten, durch die verzerrende Vorausdiskussion dieses Falles auch nur im Geringsten beeinflussen lassen würden? Nach meinem

Richterbild und meiner Erfahrung mit Richtern ist – gerade im Gegenteil – unter solchen Umständen in besonderer Weise damit zu rechnen, dass die beteiligten Richter ihre Entscheidung im – vielleicht fast stolzen – Selbstbewusstsein ihrer Unabhängigkeit treffen.

Ich fasse zusammen: Die Plage der Vorverurteilung ist mit der Freiheit der Presse untrennbar verbunden. Sie mag die Beteiligten im Einzelfall auf eine harte Probe stellen. Aber die Berichterstattung durch die Medien und die damit einhergehende Kontrolle der Justiz sind für den freiheitlichen Rechtsstaat so grundlegend, dass auch starke Irritationen aufgewogen werden. Jeder Fall, der das Interesse der Medien auf sich zieht, wird damit zu einer neuen Bewährungsprobe für das manchmal gespannte, aber immer spannende Verhältnis von Justiz und Medien.

Hermann Nehlsen

Juristen – geschichtslose Technokraten?[1]

In seinem 1959 veröffentlichten Beitrag »Der Jurist im Urteil der Welt, die Welt im Urteil der Juristen« schrieb Paul Bockelmann:

»Das Urteil der Welt über den Juristen ist im allgemeinen nicht günstig, das Urteil des Juristen über die Welt zumeist nicht wohlwollend.«

Auf die Verhältnisse in Deutschland bezogen fügte Bockelmann hinzu:

»Zwischen dem Juristen und der Welt, in der er und für die er zu wirken berufen ist, besteht eine tiefe Entfremdung. Sie gehört zu den Ursachen der permanenten Justizkrise, die unser öffentliches Leben seit Jahrzehnten belastet.«

Dem wenige Jahre später gefällten Urteil des Juristen und Politikers Adolf Arndt zufolge herrscht in Deutschland seit Jahrzehnten eine tiefe Frustration gegenüber den Juristen. Fritz Werner als damaliger Präsident des Bundesverwaltungsgerichts, in diesen Fragen kaum minder kompetent, sah im Jahre 1960 nicht nur einen immer tiefer werdenden Graben zwischen dem Richter und denjenigen, die vor seinen Schranken stehen, sondern darüber hinaus auch ein ständiges Wachsen der Aversion gegen die juristischen Berufe überhaupt.

Hermann Weinkauff, bis in die 60er Jahre Präsident des Bundesgerichtshofs, klagte:

»*Das zutiefst Unbefriedigende, ja Gefährliche an unserem Rechtsbetrieb ist die elementare Rechtsferne und Rechtsfremdheit in unserem Volk, die Hand in Hand geht mit seiner Geschichtsfremdheit.*«

Für Weinkauff sind die Durchschnittsrichter »*Techniker der Rechtsanwendung*«, die sich beamtenmäßig hochdienen und die ohne ausreichendes soziales und persönliches Ansehen und zuweilen ohne menschliche Überzeugungskraft sind.

---

[1] Der vorliegende Text gibt in seinen Grundzügen einen erstmals im Rahmen der Ringvorlesung der Ludwig-Maximilians-Universität München zum Thema »Wissenschaft, Bildung, Praxis« im Wintersemester 1979/80 gehaltenen Vortrag wieder.
Die in der Folgezeit aufgrund des außerordentlichen lebhaften Echos auch an anderen Universitäten vorgetragenen Ausführungen haben wiederholt eine Anpassung an die aktuelle Situation erfahren. Die hier berührten Fragen sind gerade auch in unseren Tagen, in denen sich die gravierenden Sparzwänge der öffentlichen Hand nachhaltig auch auf die Gestaltung der Juristenausbildung auswirken, von großer Brisanz, nämlich zugespitzt auf die Frage, ob die Sparopfer in ganz besonderem, zum Teil geradezu existenzbedrohendem Maße von den rechtswissenschaftlichen Grundlagenfächern und zwar primär der Rechtsgeschichte zu erbringen sind.
In Anbetracht der schier unermesslichen Literatur zur Bewertung der Juristen in der Gesellschaft und zur Juristenausbildung hat der Verfasser auf Literaturhinweise, die zwingend willkürlich gewesen wären, verzichtet.
Dem Vorstand der Juristischen Gesellschaft Bremen, der mich bewogen hat, es nicht bei dem in Bremen am 24. November 2003 vor der Juristischen Gesellschaft gehaltenen und lebhaft diskutierten Vortrag zu belassen und meine Ausführungen zu publizieren, bin ich zu ganz besonderem Dank verpflichtet.

Konrad Duden, Rechtsanwalt, Zivilrechtslehrer, Verfasser erfolgreicher Kommentare und Zeitgenosse Weinkauffs, urteilte über die junge Juristengeneration seiner Zeit:

»*Auch leichte Denkaufgaben können oft nicht bewältigt werden, wenn sie von den eingeübten Bahnen nach irgendeiner Richtung fortführen. Dogmatische und rechtspolitische Zusammenhänge werden nicht erfasst. Mit diesen Schwächen der fachlichen Ausbildung verbindet sich oft ein erschreckender Mangel an Bildung, Urteilsfähigkeit und geistiger Beweglichkeit. Man gewinnt den Eindruck, dass der Ertrag des Studiums lediglich in einem sehr unvollkommenen und oberflächlichen Fachwissen rein positiv-rechtlicher Natur besteht, dass das hochgesteckte Ziel einer wissenschaftlichen Ausbildung vollkommen verfehlt worden ist und die Bildungsmöglichkeiten ungenutzt, ja unentdeckt geblieben sind.*«

Wie unter anderem auch die Ergebnisse diverser Umfragen belegen, haben die Juristen, gemessen an diesen Urteilen der 50er und frühen 60er Jahre – von einer partiellen zwischenzeitlichen Verbesserung in den 70er und 80er Jahren abgesehen – seither keineswegs wieder an Ansehen gewonnen, im Gegenteil, man kann in den letzten Jahren eher von einer weiteren Verschlechterung sprechen. Die Tatsache, dass sich die Zahl der Prüflinge um ein Vielfaches erhöht hat, steht diesem Urteil nicht entgegen.

Bei der Erforschung der Ursachen dieser Vertrauenskrise sollte auch ihre historische Komponente beachtet werden.

Die Ursprünge der modernen europäischen Rechtswissenschaft liegen in Oberitalien, wo im 11. Jahrhundert auf dem Boden der Tradition langobardischer Rechtsschulen der seit Jahrhunderten verschollene, wertvollste Teil des römischen Rechts, die von Kaiser Justinian kompilierten Digesten, wieder entdeckt und von dem Magister artium liberalium Irnerius in Bologna zum Gegenstand eines eigenen Studiums mit eigenen Methoden und Zielen gemacht worden war.

Schon für das 12. Jahrhundert kann von einer Blüte der Rechtswissenschaft in Bologna gesprochen werden. Neben das Studium des römischen Rechts tritt das des kanonischen, dessen wichtigste Quellen der Bologneser Mönch Gratian um das Jahr 1140 zu einer Concordantia discordantium canonum, später auch Decretum Gratiani genannt, zusammengefasst hatte.

Zwischen 1130 und 1170 werden in Bologna, das mit Paris und Palermo den Ruhm teilt, eine der drei ältesten Universitäten Europas in seinen Mauern beherbergt zu haben, von den Schülern des Irnerius bereits Hunderte von Studenten im römischen und kanonischen Recht ausgebildet.

Schon für die früheste Zeit Bolognas lassen sich Zeugnisse finden, wie die damalige Gesellschaft die Juristen und deren Studium bewertet hat. Aus der Zeit um 1120 sind uns Formulare für Studentenbriefe überliefert, aus denen hervorgeht, dass sich eine bürgerliche Familie vom Jurastudium des Sohnes gesellschaftliches Ansehen und erhebliche materielle Vorteile erhoffte.

In den 80er Jahren des 12. Jahrhunderts schreibt Peter von Blois, der Kanzler des Erzbischofs von Canterbury, der selbst in seiner Jugendzeit Jurisprudenz in Bologna studiert hatte:

»Duo sane sunt quae hominem ad legum scientiam vehementer impellunt: ambitio dignitatis et inanis gloriae appetitus.« (Also zwei Dinge sind es, die die Menschen heftig zur Rechtswissenschaft treiben, nämlich: Streben nach hohen Würden und Trachten nach hohem Ruhm.)

Die Juristen finden Verwendung für zentrale Aufgaben an den Höfen der geistlichen und weltlichen Großen. Um 1140 nennt Roger II. von Sizilien in seinem Gesetzbuch die Juristen voll Respekt Priester des Rechts. Um die Mitte des 12. Jahrhunderts beklagt Gerhoch von Reichersberg in seinem Werk »De novitatibus huius temporis« die Dominanz der Juristen an der römischen Kurie. Ihren raffinierten Argumenten sei nicht einmal der Papst – Gerhoch meint den Zisterzienserpapst Eugen III. – gewachsen. Diesem Missstand wird schnell abgeholfen, freilich anders, als es Gerhoch gehofft hatte. Mit den Päpsten Urban III., Gregor VIII., Innozenz III., Innozenz IV., Urban IV. kann man für die Zeit bis 1264 fast von einem Jahrhundert der Juristenpäpste sprechen.

Es muss eine regelrechte Bewegung zur Jurisprudenz hin gegeben haben, denn schon 1163 droht Alexander III. solchen Ordensgeistlichen, die ihre Klöster verlassen, um das *ius civile* zu studieren, scharfe Strafen an. Honorius III. dehnt dieses Verbot 1219 auf gewisse Kategorien des Weltklerus aus und verbietet für die Universität Paris das Studium des *ius civile* schlechthin.

Paris dürfte übrigens schon damals kein langweiliger Studienort gewesen sein. Im Jahre 1164 warnt Peter von Celle seinen Freund Johann von Salisbury mit den eindringlichen Worten:

»Oh Paris, wie bist du fähig, die Seelen zu fangen und zu betrügen, du hast Netze des Lasters, Fallstricke des Bösen, in dir trifft der Höllenpfeil die Herzen der Toren.«

Das Motiv für das Studienverbot des *ius civile* in Paris ist in der Literatur bis heute umstritten. Letztlich haben wir aber keinen Grund, die Klage des Papstes über den Mangel an geschulten Theologen und den Schaden, den die Kirche dadurch erleidet, dass sie so viele Geistliche an die *scientia lucrativa*, d.h. die Jurisprudenz, verliert, nicht ernst zu nehmen.

Halten wir als Zwischenergebnis fest: Während der Blütezeit der Rechtswissenschaft im 12. Jahrhundert und der ersten Hälfte des 13. Jahrhunderts genießen die Juristen durchaus Ansehen, wobei freilich auch die materielle Komponente eine Rolle spielt. Dies gilt nicht nur für die Höfe der geistlichen und weltlichen Großen, sondern auch für die Städte. Wie umworben gelehrte Juristen damals waren, zeigt ein Schreiben aus dem Jahre 1250, das der Prior von St. Agatha zu Padua an den Rat der Stadt Lübeck richtet und aus dem hervorgeht, dass die Lübecker einen Boten zwecks Anwerbung eines Juristen nach Oberitalien geschickt hatten, der Machthaber in der Mark Treviso und der Lombardei jedoch den Wegzug solch begehrter Personen schlechterdings verboten hatte.

Allmählich stoßen wir nun aber auch schon auf massive Kritik an den Juristen. Die in den frühen Quellen bereits angesprochenen guten Chancen der Juristen, irdisches Ansehen und Güter zu gewinnen, werden nunmehr vor dem Hintergrund der Käuflichkeit und Unredlichkeit gesehen. Auch der Vorwurf schnöder Anwendung bloßer Rechtstechnik klingt bereits an. In einer französischen Satire aus dem 13. Jahrhundert sind die Legisten, d.h. die Vertreter des weltlichen Rechts, das schlechte Gefäß, das den guten Trank verdirbt. Sie sind spitzfindig und haben das richtige Judiz verloren. Sie können mit ihrer Argumentationstechnik beliebig für oder wider eine Sache sprechen.

Wohl einer der ersten deutschen Juristen, von dessen Leben wir in aller Ausführlichkeit erfahren, ist Heinrich von Kirchberg, ein thüringischer Adliger. Der Erfurter Magister Nicolaus von Bibera verfasst im Jahre 1283 ein Carmen Satiricum, das die Vita des Heinrich von Kirchberg zum Gegenstand hat.

In mehr als 2400 leoninischen Hexametern schildert uns der Satiriker, wie Heinrich zunächst beim Studium der Theologie und scholastischen Philosophie ein lustiges Studentenleben in Paris führt und nach dieser Vorbereitung nach Bologna geht, um das *ius civile*, das bei Königen und Fürsten in hoher Achtung steht, zu studieren. Wir lesen, wie Heinrich auf ein gründliches Studium des Codex Justinians, der Digesten und des Decretum Gratians verzichtet, und sich stattdessen mit der Summa Ganfredi, einem oberflächlichen Handbuch, das als Repetitorium der damaligen Zeit bezeichnet werden darf, begnügt. Mit Mühe besteht er die für die *licentia docendi* erforderliche schriftliche Prüfung. Vor der öffentlichen Disputation, die beim Conventus für das Doktorat verlangt wird, weicht er aber zurück, weil er eine ihm nicht wohlgesonnene Opposition seiner ihm überlegenen Kommilitonen fürchtet. Er reist nun nach Padua, das wegen seiner weniger gelehrten Opponenten bekannt ist und wo man die bereits erworbene Bologneser *licenctia* anerkennt. In Padua gewinnt er tatsächlich den Grad des *doctor decretorum*. Stolz kehrt er nach Deutschland zurück, wo er 1275 in den Dienst der Stadt Erfurt tritt. Die Erfurter nehmen ihn mit offenen Armen auf, denn sie liegen in erbitterten Zwistigkeiten mit dem Erzbischof von Mainz, weil sie das 1273 neu errichtete Augustinerkloster zerstört hatten. Obwohl der Prozess von vornherein aussichtslos ist, gaukelt Heinrich den Bürgern Erfolgschancen vor. Vor dem kirchlichen Gericht versucht er sich in seinen Fähigkeiten als Rechtstechniker. Trotz Verschleppungstaktik und anderer prozessualer Ränke Heinrichs unterliegen die Erfurter. Über die Stadt wird das Interdikt verhängt, das nur nach einem demütigenden Vergleich wieder aufgehoben wird. Auch hier ist Heinrich wieder beteiligt. Vermutlich hat er von der Gegenseite Geld bekommen. Seine privaten Gläubiger legt er unter Berufung auf die Nichtigkeit seiner Versprechungen herein. Die Erfurter Scholaren widmen ihm schließlich ein in die Satire eingeflochtenes Pasquill, das lautet:

»*Das ist also Heinrich, der ungerechte Doktor des Decretum, ein Sack an Habsucht, ein Affe der Philosophie. Ein Neider des Friedens, eine Quelle des Streites, ohne Hosen einhergehend, der das Recht verdreht, sich den After mit dem Daumen abwischt, ein Unterdrücker der Wahrheit, ein Dieb und Räuber, der Abschaum der Geistlichkeit, der zu allen Stunden verfluchte Vater der Täuschung.*«

25 Jahre später trifft es die Juristen noch schlimmer. Während man bei Heinrich von Kirchberg immerhin noch sagen könnte, es handele sich um eine Ausnahmeerscheinung, lässt die nun folgende Quelle diese Schonung nicht zu. Um das Jahr 1300 vollendet Hugo von Trimberg, *rector puerorum* der Schule zu St. Gangolf in Teuerstadt, ein Moralgedicht in fast 25.000 Versen, das spä-

ter unter dem Namen »Der Renner« – wie sein Name sagt, eilt es als Bestseller durch die Lande – große Verbreitung findet. Recht und Rechtspflege werden in diesem Werk bei der Behandlung der sieben Todsünden in dunkelsten Farben geschildert. Hugo spricht keineswegs nur von den Laienrichtern, sondern bereits von gelehrten Juristen und »Judisten«, wobei er mit letzteren diejenigen Juristen meint, die wie Judas um Geld die Wahrheit verraten. Der Dichter schildert, wie die Judisten nur der Seite helfen, die das meiste Geld aufwendet. Er prangert ihre Auslegungskniffe an, und zwar in dem Sinne, dass sie nicht gleichmäßig, sondern so auslegen, wie es zu ihrem oder ihres Klienten Vorteil ist. Richter, die ein gutes Gewissen haben, seien seltener als weiße Raben.

Der böse Jurist, d.h. der Judist, ist für Hugo der Rechtstechniker, der seine technischen Fertigkeiten nicht zur Stiftung des Friedens, sondern zum eigenen Nutzen einsetzt. Nur von bloßer redlicher Rechtsgelehrsamkeit könne bei dieser Konkurrenz keiner mehr leben. Selbst der große Magister Gratian aus Bologna müsste es heute anders anfangen, wenn er bei seiner reinen Wissenschaft nicht verhungern wollte.

Die schlechte Meinung über die Juristen hindert freilich die geistlichen und weltlichen Machthaber nicht, sich um deren Dienste zu bemühen. Im Gegenteil: Als typisch für das ausgehende 14. Jahrhundert darf eine Szene angesehen werden, die sich im Jahre 1398 am herzoglichen Hof in Ingolstadt abspielt. Die Abgesandten der Stadt München berichten von dem Rechtsstreit zwischen den bayerischen Fürsten über ihre Rechte in München höchst irritiert nach Hause, Herzog Ludwig habe Leute bei sich, die, was das Recht anbelangt, aus »Schwarz« »Weiß« machen könnten. Es wird niemanden überraschen, wenn bereits wenige Jahre nach diesem Vorfall gelehrte Berater im Dienste der Münchener bezeugt sind.

Das 15. und das 16. Jahrhundert sind von einer ständig zunehmenden Aversion gegen die Juristen gekennzeichnet. Die Angriffe kommen übrigens von ganz verschiedenen Seiten.

Schon die italienischen Humanisten hatten über die Rechtslehrer an den oberitalienischen Universitäten gespottet. Für sie waren die Juristen des Quattrocento, die sich nur auf die Exegese einzelner Textstellen beschränkten, statt das Recht als Ganzes zu erfassen, *homines illiterati*. Im deutschsprachigen Bereich wenden sich neben anderen Agricola, Erasmus von Rotterdam und Ulrich von Hutten gegen die ungebildeten Juristen.

Auch der große humanistische Rechtsgelehrte Ulrich Zasius teilt die Abneigung gegen die Spitzfindigkeiten der Legisten. Bitter klagt er über ihre Geldgier und Bestechlichkeit und ihr blindes Vertrauen in die Autoritäten.

Vor allem aber aus dem Volk kommen Proteste gegen die studierten Juristen. In den berühmten Forderungen der Bauern vom Jahre 1525 im Bauernkrieg heißt es:

»Alle Doctores der Rechten, sie seindt Geystlich oder Weltlich […] sollen […] an kaynem Gericht bei kaynem rechten, auch in kayns Fürsten oder anderen Räthen mer gelitten, sunder gantz abgethon werden. Sie sollen auch fürbas hin vor Gericht oder Recht nit weiter reden, schreiben oder rathgeben; den Doctoren ist das Recht härter als den Laien verschlossen und

kan jr keiner ein Schlüssel darzu finden, bis beide Thail arm werden oder gar verdorben sindt.«

Bei Martin Luther treffen die Abneigung des gebildeten Theologen und die des Mannes des Volkes zusammen. Gelegentlich hat man in der Literatur zwar den Versuch gemacht, Luthers harte Worte gegen die Juristen abzuschwächen, letztlich aber ohne überzeugenden Erfolg. Luthers negative Äußerungen über die Juristen sind zu zahlreich und zu eindeutig. Aus dem reichen Schatz seien hier nur einige genannt:

»Wortezwacken der Juristen ohne Billigkeit hilft nur sündhafter Begehrlichkeit.«
»Wer könnte der Juristen List und Betrug alle zählen.«
»Ein jeglicher Jurist ist entweder ein Schalk oder ein Esel.«
»Ein Jurist, der nicht mehr ist als ein Jurist, ist ein arm' Ding.«
»Juristen sind oft Christi Feinde, wie man sagt, ein rechter Jurist ein böser Christ.«

Luther wirft die Frage auf, ob »*Büttel, Henker, Juristen, Fürsprecher und was des Gesindels mehr ist*«, selig werden können. Gegenüber einem seiner Söhne sagt er:

«Wenn du sollst ein Jurist werden, so wollte ich dich an einen Galgen hängen.«

Die Juristen seien »*allzumal gottlos, suchen nur ihren Genieß und Nutz, ziehen das Recht und drehen es nach ihrem Vorteil, machen aus Recht Unrecht und aus Unrecht Recht. Es wäre kein Wunder, dass Gott ließe die Welt versinken, um solcher Schandjuristen willen. Man sollte solchen stolzen Tropfen und Rabulen die Zunge aus dem Halse reißen«.*

Noch zwei Jahre vor seinem Tod erklärt Luther, er wolle den Juristen den »*Pelz waschen*«. Eine zeitgenössische Nachschrift dieser Predigt trägt die bezeichnende Überschrift: »*Der Juristen Schwitzbad*«.

Massive, aber konstruktive Kritik findet sich bei Melanchthon. Er attackiert die halbgebildeten Juristen, die aus dürftigen und geistlosen Kompendien eine oberflächliche Kenntnis des Rechts gewonnen hatten und es handwerksmäßig-mechanisch zur Anwendung brachten.

Melanchthon beklagt, dass sich gleich Scholastikern die Juristen mit unnützen Spitzfindigkeiten abgäben. Über unverstandenen, sinnlosen Formelkram hätten sie das Wesen des Rechts völlig vergessen. Die heilige Pflicht der Rechtslehrer sei es, für eine Bildung des Juristenstandes zu sorgen.

Das 17. Jahrhundert ist den Juristen wieder freundlicher gestimmt, obwohl auch jetzt noch Parodien begegnen wie:

»*Iuristae sunt iurgistae; iuristae nequistae; Iurisconsultus ruris tumultus; Iuris periti sunt iuris perditi; Legum doctores sunt legum dolores.*«

Im 18. Jahrhundert lässt sich ein ausgesprochenes Tief beobachten. Als typisch darf die Einstellung des Preußenkönigs Friedrich Wilhelm I. angesehen werden, der den Zwang für Advokaten, einen schwarzen Mantel zu tragen, mit den Worten begründet haben soll:

»*Damit man die Spitzbuben schon von weitem erkennen und sich vor ihnen hüten möge.*«

Eine zeitgenössische Berliner Zeitung schreibt:
»*Das hiesige Frauenzimmer scheinet z. Theil einen Ekel vor diesen Mänteln zu haben.*«
Dieses Tief deckt sich auch mit dem Bild, das die Opern vom Juristen geben. In der Glanzzeit der italienischen »Opera buffa«, der französischen »Opéra comique« und der deutschen »komischen Oper« vom 18. Jahrhundert bis zum Beginn des 19. Jahrhunderts kommen Juristen am schlechtesten weg. Sie sind ungebildet, ihr Latein ist formelhaft und unverstanden. Äußerlich sind sie stotternde, hüstelnde, lispelnde Trottel. Dies ändert sich im 19. Jahrhundert. Nicht selten stehen nun tief gebildete, verantwortungsbewusste Juristen auf der Bühne.

Seit den 20er Jahren des 19. Jahrhunderts verebben, zumindest in den preußischen Gebieten, die Polemiken gegen die Juristen geradezu auffällig. Erst nach dem Ersten Weltkrieg beginnen sie wieder mit aller Heftigkeit.

Die lange Kette negativer Urteile über die Juristen darf auf keinen Fall zu dem Schluss verführen, dass es ein von sozial-kulturellen Bedingungen unabhängiges, konstant negatives Verhältnis zwischen Juristen und anderen Gruppen der Gesellschaft gäbe. Das historische Material belegt das Gegenteil.

Wir dürfen uns mit diesem, freilich sehr wichtigen Ergebnis allerdings nicht zufrieden geben. Nunmehr erhebt sich die Frage nach den Gründen für die divergierende Bewertung der Juristen in den verschiedenen Zeiten durch die Gesellschaft. Dass hier eine monokausale Erklärung von vornherein verfehlt wäre, bedarf kaum einer Hervorhebung.

Auffallend ist, dass die Polemiken dann zunahmen, wenn die Ausbildungsstätten besonders **verengt** ausgebildete Juristen produziert hatten. Erinnern wir uns an die eben geschilderte Situation im ausgehenden 15. und beginnenden 16. Jahrhundert, wo die Kritik einen Höhepunkt erreicht. Im Bereich der Juristenausbildung ist das 15. Jahrhundert von einem großen Niedergang gekennzeichnet. Während die neu gegründeten deutschen Universitäten zunächst noch nichts Entscheidendes zur Juristenausbildung beisteuern können – die Leistungen der deutschen Humanisten kommen erst später zum Tragen – findet an den für Deutschland immer noch maßgeblichen oberitalienischen Universitäten eine tiefe Entfremdung zwischen Theorie und Praxis statt. Mitteis spricht zutreffend von einem Versanden in blutleeren Deduktionen. Es werden nicht mehr die Texte der römischen Juristen selbst glossiert, sondern die Glossen der mittelalterlichen Juristen um immer neue bereichert. Es entstehen ganze Katenen von Glossen, die nur noch wenig von der ursprünglichen *ratio legis* erkennen lassen. »*Glossarum glossas glossantes*«, blind den Autoritäten nachbetend, werden, wie es Mitteis plastisch formuliert, diese Epigonen so zu schwächlichen Vertretern einer dürren Buchweisheit, die sich in Einzelheiten verlor und den Schülern weder eine Anschauung vom Gefüge des Rechts im Ganzen noch von seinem alles tragenden historischen Fundament vermitteln konnte.

Was ist nun aber im Rahmen einer den Anforderungen der jeweiligen Zeit angemessenen effektiven Juristenausbildung zu berücksichtigen?

Kommen wir zunächst noch einmal auf die Polemiken gegen die Juristen zurück.

Ein von den Anfängen bis heute stereotyp wiederkehrender Vorwurf lautet: Juristen sind engstirnige Technokraten, oder – um die oben zitierte Bewertung des ehemaligen Präsidenten des Bundesgerichtshofs, Hermann Weinkauff, aufzugreifen – bloße »*Techniker der Rechtsanwendung*«, Instrumente, die sich von den Trägern der weltlichen Macht oder gut zahlenden Parteien für deren Ziele nutzbringend einsetzen lassen. Juristen sind einem oberflächlichen Positivismus verhaftete Rechtsanwender, ohne kreative Phantasie.

Vorschläge zur Verbesserung der Juristenausbildung, die gerade auch auf eine Behebung dieser Defekte abzielen, gehen bis ins 12. Jahrhundert zurück. Im Verlaufe der Jahrhunderte werden nahezu alle heute umstrittenen Probleme erörtert: einstufige Ausbildung, Abschaffung der Vorlesung, Bezug auf die Praxis, Zwischenprüfung, Noten- und Prüfungsverzicht, breitere Grundlagenausbildung, Studiengang und Studiendauer.

Um das Jahr 1135 wendet sich Hugo von St. Victor, der zu den großen Denkern des 12. Jahrhunderts gehört, gegen die Versuche der Kirche, die *curiositas* der Gelehrten einzudämmen. Als man kirchlicherseits versucht, die Beschäftigung mit der Geschichte für unnötig zu erklären, lehrt Hugo:

»*Lerne alles, später wirst du sehen, dass nichts überflüssig ist. Beschränkte Wissenschaft ist nicht erfreulich.*«

Zu einer Häufung von Reformvorschlägen kommt es im Zeitalter des Humanismus. Erinnert sei an Werke von Claudius Cantiuncula, Johannes Apel, Matthaeus Wesenbeck, Christoph Hegendorff, Bonifatius Amerbach und Franciscus Duarenus.

Wie bei Melanchthon kommt in den meisten dieser Beiträge zum Ausdruck, dass es die heilige Pflicht der Rechtslehrer sei, für eine bessere Bildung des nur an der Rechtstechnik orientierten Juristenstandes zu sorgen.

Im Zeitalter des Absolutismus zeigen sich stark divergierende Strömungen. In Göttingen regt der Kurator Münchhausen die Professoren zu breiter Grundlagenforschung an, unterstützt sie dabei durch großzügige Bücherkäufe und tut überdies kund:

»*Unseren Professoren ist ohne Rückhalt erlaubt, selbst das teutsche Staatsrecht bloß nach ihrer Überzeugung vorzutragen, ohne darauf zu sehen, ob ihre Lehrsätze mit dem Interesse derjenigen Klasse von Reichsständen, zu welcher unser Regent gehört, oder mit dem noch spezielleren Interesse unseres Hofes übereinstimmen oder nicht.*«

Und während in eben diesem Göttingen ein Student der Jurisprudenz schreibt:

»*Das Vorurteil der Autorität, welches seit langer Zeit so tyrannisch geherrschet hat, ist ganz unter die Füße getreten; der Beifall eines Carpzow und Mevius hat aufgehöret, einen Beweis abzugeben*«,

wendet sich (1785) in Wien der Ressortchef van Swieten in einem Vortrag vor dem Kaiser empört gegen das Göttinger Modell. Göttingen sei eine Universität »*nur dem Namen nach, eigentlich aber eine lehrende Akademie der Wissenschaften«.* Infolgedessen seien »*die Studierenden, an deren größerem oder minderem Fortgang die Regierung von Hannover keinen Anteil nimmt, wie die Lehrer sich ganz selbst überlassen«.* Im Rahmen einer Nationalerziehung könne aber die »*Wahl und Ordnung der Kenntnisse nicht der Jugend selbst, nicht einmal der einsichtigen Einsicht der Ältern überlassen werden, denn die Bürger müssen nicht als Kinder der Privatleute, sondern als Kinder des Staates nach dem Geleite der öffentlichen Weisheit erzogen werden«.*

Van Swieten macht klar, dass die Fakultätsstudien nicht die Bestimmung hätten, durch eine wissenschaftliche Ausbildung Gelehrte heranzuziehen, sondern nur Staatsbeamte. Es sei daher auch nichts zu lehren, was die Zuhörer nicht sofort zum Besten des Staates verwenden können. Es genüge, wenn in jedem Fall ein tüchtiger Lehrer dieser so vereinfachten und vom Staat vorgezeichneten Aufgabe nachkomme.

Folgerichtig verkündet man im Jahre 1810 in Wien einen von positivistischen Beschränkungen geprägten juristischen Studienplan, in dem die rechtshistorische Ausbildung völlig beseitigt ist.

In Baden, wo man sich zunächst dem österreichischen Vorbild anschließt, wird in einer besonderen Verordnung den Professoren der Jurisprudenz vorgeschrieben, wie die Anfänger im schnellen Aufschlagen der Gesetzbücher geschult werden sollen.

Auch in Preußen begegnen Verschulungstendenzen. Gegen Ende des 18. Jahrhunderts spricht sich der Minister von Massow dafür aus, im Bereich der Juristenausbildung die Universitäten durch staatlich organisierte und geleitete Fachschulen zu ersetzen. Das Preußische Justizministerium ist allerdings, was die breite Bildung der Juristen anbelangt, anderer Meinung. In einem Reskript vom Jahre 1797 heißt es:

»*Ebenso nehmen Wir höchst ungern wahr, dass die jungen Rechtsbeflissenen sich immer mehr auf das handwerksmäßige Erlernen des bloßen Bürgerlichen Privatrechts einschränken; sich damit begnügen, wenn sie einen Vorrat von Definitionen und Lehrsätzen, die zu diesem gehören, dem Gedächtnisse anvertraut haben und wohl gar der Meinung sind, dass das Lesen oder höchstens das Auswendiglernen der am meisten praktischen Titel des Allgemeinen Landrechts schon hinreichend sei, einen brauchbaren preußischen Rechtsgelehrten zu bilden. Da es aber von selbst in die Augen leuchtet, dass das Landrecht nicht richtig verstanden noch angewendet werden kann, wenn nicht der Kopf durch das Studium der Philosophie zum gründlichen Nachdenken gewöhnt ist.«*

Ein Menschenalter später lesen wir in einem weiteren preußischen Reskript:

»*Der nach gelehrter Bildung strebende Jurist wird sich ohnehin zum Studium der Verfassung der bedeutendsten Völker der Erde älterer und neuerer Zeit hingezogen und dadurch von selbst veranlasst fühlen, seinen historischen und philosophischen Studien nicht zu enge Grenzen zu setzen.«*

Wie wir wissen, setzt sich im 19. Jahrhundert in Preußen der Göttinger Student Wilhelm von Humboldt mit seiner Universitätsidee durch. Die bedeutenden Erfolge der Göttinger Universität, die in der Juristenausbildung in ganz Europa führend war, aber auch die Erfolge der später von Humboldt geprägten Universitäten sind hinreichend bekannt. Einigkeit herrscht in der Literatur auch hinsichtlich der Beurteilung der österreichischen Verhältnisse. Hier ist, bis man sich zu einer Kursänderung entschließt, ein geradezu katastrophaler Niedergang der Juristenausbildung und damit verknüpft ein extrem schlechtes Ansehen der Juristen zu verzeichnen.

Dass die Zuneigung des Verfassers dieses Beitrags nicht der staatlich reglementierten Fachhochschule für Juristen gehört, dürfte wohl kaum verborgen geblieben sein. Es geht jedoch nicht darum, das Rad der Geschichte zurückzudrehen und eine umfassende humanistische Bildung zum Postulat einer effektiven Juristenausbildung zu machen. Auf keinen Fall darf aber die Funktionalisierung der Ausbildung auf eng gefasste, häufig nur vermeintliche Bedürfnisse von Staat, Wirtschaft und Gesellschaft das alleinige Leitmotiv einer Ausbildungsreform sein.

Juristen, die imstande sind, die sozialen und politischen Implikationen der Rechtsnormen zu erkennen, können gerade nicht durch eine Amputation des Studiums im Bereich der Grundlagenfächer gewonnen werden. Mit dem engagierten Reformer und Praktiker Rudolf Wassermann möchte ich sagen, dass es eher nötig ist, die Dimensionen wieder weit zu stecken, damit *»wir nicht jene halbgebildeten Rechtstechniker erhalten, die zu allen Zeiten beflissene Diener der Macht gewesen sind«.*

Bei einer Präponderanz oder gar Monopolstellung der Rechtsdogmatik ist die Gefahr, dass das Recht rein instrumental verstanden wird und daher allein Gesetzeskenntnis und reibungsloses Funktionieren ihrer Anwendung als juristisches Ausbildungsideal angesehen werden, ganz erheblich.

Die Humboldt'sche Aussage, dass wissenschaftliche Lehre nur dann wahrhaft bildend wirkt, wenn sie sich nicht auf die Sammlung und Darstellung von Einzelwissen beschränkt, sondern es versteht, **im Einzelnen das Allgemeine** sichtbar zu machen, ist auch in unseren Tagen noch aktuell. Die heute zu Recht geforderte Beschränkung des Lehrstoffes kann bei der gleichzeitig im Zuge der Spezialisierung immer stärker werdenden Expansion des Wissensstoffes letztlich nur durch Gewinnung und Vermittlung von »Verbundwissen« erreicht werden. In diesem Zusammenhang kommt den Grundlagenfächern eine Schlüsselfunktion zu.

Das heißt: Eine Gesellschaft, der nicht an einer Ausbildung bloßer Rechtstechniker gelegen ist und für die das immer wieder postulierte Ziel, verantwortungsbewusste Persönlichkeiten heranzubilden, die zu schöpferischen Leistungen und eigenem Urteil befähigt sind, kein bloßes Lippenbekenntnis sein sollte, muss den Grundlagenfächern im Bereich der Juristenausbildung einen zentralen Platz einräumen.

Gemessen an diesem Ziel ist einer der gefährlichsten Anschläge auf die Juristenausbildung in ihrer über 800-jährigen modernen Geschichte verübt worden, als im Februar 1968 vom Ausschuss des juristischen Fakultätentages für die Studienreform vorgeschlagen wurde, die gesamten, bisher obligatorischen Grundlagenfächer zu Wahlfächern zu machen. Das hatten in dieser Brutalität nicht einmal die Nationalsozialisten versucht. Glücklicherweise gingen gegen diesen Vorschlag nicht nur die konservativen Vertreter der traditionellen Grundlagenfächer auf die Barrikaden, sondern auch Rechtslehrer anderer Disziplinen und Praktiker aller politischen Schattierungen.

Die massiven Proteste führten wenigstens zu einer partiellen Revision der Münchener Beschlüsse. Die Grundlagenfächer wurden in den Prüfungsordnungen der Länder zwar aus dem Katalog der Pflichtfächer ausgeschieden, fanden aber wenigstens in einer – in ihrer Anwendung allerdings nur eingeschränkt effektiven – Generalklausel Berücksichtigung.

Die gegen Ende der 60er Jahre abgewehrten Angriffe auf die Grundlagenausbildung feiern seit Beginn der 90er Jahre Wiederauferstehung. Wieder wird diskutiert, das Stundenkontingent der Grundlagenfächer zu beschneiden. Dies erreicht man sogar, ohne formal die Lehrpläne zu ändern, indem man den Grundlagenfächern einfach die entsprechenden Lehrstühle entzieht. In der Zeitschrift »Juristische Schulung« (JuS) konnte im Jahre 1990 die Aussage des Mannheimer Kollegen Gerd Roellecke erscheinen:

»*Auf ›Bildung‹ kommt es beim Rechtsstudium nicht mehr an. Sie ist obsolet geworden und hat kaum noch Einfluss auf die Karriere. Denn die durch ›Bildung‹ abgehobene Führungsschicht gibt es nicht mehr. Selbstverständlich muss man sich auch künftig gut artikulieren, mit möglichst jedermann unterhalten und Gelegenheiten schnell ausnutzen können, wenn man vorankommen will. Aber als ›Diskussionsgrundlage‹ genügt eigentlich eine größere Tageszeitung. Ein Studium benötigt man dafür nicht. Die deutschen Rechtsfakultäten haben das auch längst stillschweigend anerkannt, wenn sie juristische Bildungsfächer wie Rechtsgeschichte, -philosophie, -soziologie und Sozialwissenschaften [...] nur noch ausnahmsweise im Staatsexamen prüfen. Gegen die völlig herrschende Meinung ist es auch nicht zu empfehlen, Studienzeit mit Bildungsfächern zu vergeuden. Die Persönlichkeit wird nicht durch ›Bildung‹ oder gar Rechtstheorie gebildet, sondern – wie schon Hegel beobachtet hat – durch harte Arbeit und Verzicht. Und, wenn es die Funktion von Rechtsphilosophie ist, durch das Offenhalten von Fragen die Wissenschaftlichkeit der Jurisprudenz zu gewährleisten, dann lässt der Student besser die Finger davon.*«

Gegenteilig äußern sich in der Juristischen Schulung vom Jahre 2002 Peter Hommelhof und Christoph Teichmann:

»*Unerlässlich für eine wissenschaftlich fundierte Ausbildung ist auch eine Einbeziehung vor allem der Grundlagenfächer. In vielen modernen Rechtsgebieten, die sich derzeit so rasend schnell entwickeln, dass kaum Schritt zu halten ist, könnte ein Rückbezug auf die Grundlagen des Rechts den Studierenden helfen, festen Boden unter die Füße zu bekommen. Eine Ausbildung, die ihre Absolventen zum lebenslangen Lernen befähigen soll, darf die Verankerung in den Grundlagen nicht vernachlässigen.*«

Man kann – auch wenn die Zeichen zurzeit in die entgegengesetzte Richtung weisen – nur hoffen, dass sich in diesem Sinn eine erfolgreiche Abwehrfront bildet.

Speziell unter dem Blickwinkel der Grundlagenfächer sei das hier vertretene Anliegen noch einmal zusammenfassend artikuliert:

Größer als je zuvor ist heute die Gefahr, dass die Juristen bei der Fülle des Stoffes, die auf sie eindringt, zu Technokraten und Subsumtionsautomaten werden.

Moderne, kreative, von positivistischer Erstarrung, anachronistischer Dogmatik und apriorischer Idealtypik abgewandte Juristen, die, wenn es geboten ist, Gesetz und Recht zu unterscheiden wissen, die Abstand besitzen gegenüber dem geltenden Recht, es nicht als unverrückbar hinnehmen und es in seiner historischen Bedingtheit durchschauen, sind nur zu gewinnen durch ein Studium, das ihnen die notwendigen Tiefendimensionen erschließt, zu denen die Grundlagenfächer, d.h. in besonderem Maße auch die Rechtsgeschichte Zugang vermitteln.

Eine gesellschaftspolitisch verantwortungsbewusste Verwertung der fachspezifischen juristischen Kenntnisse ist nur dann zu erhoffen, wenn diese Kenntnisse in eine durch historische Erfahrung vermittelte Einsicht in die Entstehungs- und Entwicklungsbedingungen von Recht eingebettet sind.

Nur von dieser Basis aus ist ein Jurist in der Lage, eine fundierte Rechtspolitik zu betreiben, und wird nicht, wie es dem Juristen immer wieder vorgeworfen wird, zu einem lebensfremden Dogmatiker.

Eine entscheidende Aufgabe der rechtshistorischen Forschung und Lehre muss darin bestehen, die sozialgeschichtlichen Bedingungen für bestimmtes Recht aufzuzeigen und dadurch empirische Beiträge für die Frage nach dem Recht überhaupt zu liefern. Die herkömmliche Dogmengeschichte ist hierzu kaum in der Lage.

Es beruht nicht auf Zufall, dass gerade die bedeutendsten Soziologen – unter anderem Eugen Ehrlich und Max Weber – das Material ihrer Erkenntnis im Wesentlichen aus dem rechtshistorischen Bereich, und zwar vor allem aus der Sozialgeschichte des Rechts geschöpft haben.

Wer die hier vorgetragenen Grundsätze anerkennt, wird sich uneingeschränkt auch mit dem älteren Quellenmaterial befassen müssen. Er darf freilich keine Altertumskunde des Rechts betreiben, sondern er muss versuchen, das Recht im Flusse der lebendigen Entwicklung zu zeigen, d.h. nicht als Gewesenes, sondern als Gewordenes.

Im Rahmen des rechtshistorischen Unterrichts muss der Ideologiekritik ein besonderer Platz eingeräumt werden. Gerade die Erfahrungen im Dritten Reich haben gezeigt, wie groß die Gefahr ist, dass Fakten der Rechtsgeschichte als ideologische Versatzstücke missbraucht werden.

Ein Exkurs, der auf den ersten Blick weit über die Rechtsgeschichte hinauszugehen scheint, sei – auch auf die Gefahr von Missverständnissen hin – abschließend noch gestattet.

Zu denken ist an Gesichtspunkte, die im Rahmen der wissenschaftstheoretischen Diskussion bei den Literaturwissenschaften eine starke Beachtung erfahren haben:

Die für die rechtsgeschichtliche Forschung, aber auch für eine gute rechtshistorische Vorlesung selbstverständliche engagierte Betrachtung umfangreichen **historischen Textmaterials** leitet zur

Reflexion über den Appellwert von Texten an und ermöglicht so ein distanziertes Verhältnis zu den mannigfachen modernen Appellen.

Die geistige Aufnahme historischer Texte sensibilisiert das Wahrnehmungsvermögen.

Die Beschäftigung auch mit den ältesten Quellen erschließt Alternativen zu typischen Verhaltensweisen der Lebenswirklichkeit, sie vermag – und das ist ihr Humanisierungspotential – Kontrasterlebnisse zu vermitteln, zum Verständnis von Fremderfahrung anzuleiten und dadurch die Bedingtheit des jeweils eigenen Standpunktes zu erhellen.

Schließlich eröffnet sie auch den Zugang zur zweckfreien Betätigung menschlicher Phantasie und damit zu einem absoluten Freiheitsraum als unabdingbarer Voraussetzung menschlicher Existenz.

Hans W. Micklitz

Neuordnung des Rechts des unlauteren Wettbewerbs

I. Artisten in der Zirkuskuppel

Unlängst hat das reformierte UWG das Gesetzgebungsverfahren erfolgreich passiert. Ganz freiwillig ist die Reform nicht zustande gekommen. Den Anstoß hat wieder einmal die Europäische Gemeinschaft geliefert. Denn die Kommission arbeitet an zwei wenig aufeinander abgestimmten Vorhaben zu einer Verordnung über die Verkaufsförderung im Binnenmarkt einerseits[1] und einer Rahmenregelung zum Schutz der Lauterkeit im Rechtsverkehr andererseits.[2] Über Erstere existiert bereits eine Art gemeinsamer Standpunkt,[3] über Letztere soll noch in diesem Jahr abschließend beraten werden.

Vor diesem Hintergrund scheint die Frage nur allzu berechtigt, warum eine Reform des UWG gerade jetzt in Angriff genommen wurde und welche Zwecke Deutschland mit seiner Initiative verfolgt. Man könnte daran denken, dass Deutschland davon ausgeht, dass die Reformbemühungen der Kommission im Sande verlaufen. Schließlich währt die Debatte um ein in sich konsistentes europäisches Lauterkeitsrecht unter Einschluss der großen Generalklausel nahezu 40 Jahre. Da Deutschland jedoch zu den Befürwortern einer europäischen Regelung gehört, kann es nur darum gehen, dass es sich in der europäischen Debatte gut positionieren möchte. Punkten könnte Deutschland mit einem modernen Konzept des Wettbewerbsrechts, dass die zentralen Problemkomplexe des geltenden deutschen und europäischen Rechts offen thematisiert und so eine Blaupause für die ausstehende Neuordnung des Wettbewerbsrechts liefert. Genau daran fehlt es weitgehend.

Besonders konfliktträchtig ist die Bewertung des Verbraucherschutzes. Dessen Verankerung liegt im Zug der Zeit und ist letztendlich nicht mehr als eine notwendige Folge europäischer Regulierung. Die praktischen Auswirkungen dürften erheblich sein, da dem Verbraucherschutz im alten UWG bislang eher randständige Bedeutung zukommt. Sie konkretisieren sich im Streit um die Frage, ob das Irreführungsverbot in vertikalen Marktverhaltensbeziehungen zu einem Informationsgebot ausgebaut werden kann. Konzeptionell haltbar ist die unterstützenswerte Deregulierung des neuen UWG im Zeichen der Verantwortung des Verbrauchers nur insoweit, als sie die Informationsbasis und die Partizipationschancen des Verbrauchers erhöht. Genau das will die UWG-Reform

---

[1] Vorschlag für eine Verordnung des Europäischen Parlaments und des Rates über Verkaufsförderung im Binnenmarkt vom 2.10.2001 KOM (2001) 546 endg.
[2] Vorschlag für eine Richtlinie des Europäischen Parlaments und des Rates über unlautere Geschäftspraktiken im binnenmarktinternen Geschäftsverkehr zwischen Unternehmen und Verbrauchern und zur Änderung der Richtlinien 84/450/EWG, 97/7/EG and 98/27/EG (Richtlinie über unlautere Geschäftspraktiken) KOM (2003) 356 endg.
[3] 2003/0134 (COD) CONSOM 52 MI 170 CODEC 748.

offensichtlich nicht. Sie beschränkt sich auf die Kodifikation des von der Rechtsprechung entwickelten ›Verschweigeverbotes‹. Markttransparenz lässt sich so nicht herstellen. Die konzeptionelle Lücke könnte der Kommissions-Entwurf schließen, mit der traurigen Konsequenz, dass wirklicher Verbraucherschutz wieder einmal nur aus Europa kommen kann.

Noch düsterer sieht es mit der Neugestaltung des Rechtsschutzes aus, obwohl den Mitgliedstaaten gerade hier ein erheblicher Gestaltungsspielraum verbleibt, um dem gemeinschaftsrechtlichen Konzept eines effektiven und wirksamen Rechtsschutzes Konturen zu verleihen. Das Gesetz hält dagegen an einem hinkenden Rechtsschutz fest. Wettbewerber und Verbraucher werden nicht auf eine Stufe gestellt. Man mag noch darüber streiten können, ob dem einzelnen Verbraucher ein Anspruch auf Unterlassung zukommen soll. Ihm aber UWG-eigene Vertragslösungsrechte zu versagen und auch gleich noch individuelle Schadensersatzansprüche abzuschneiden, lässt sich kaum mit der erstrebten Aufwertung des Verbraucherschutzes vereinbaren. Geboten wäre ein verschuldensunabhängiges Vertragslösungsrecht für Verbraucher mit einer an § 434 Abs. 1 Satz 3 BGB angelehnten Zurechnungs- und Beweislastregeln, das die Defizite des bisherigen § 13a UWG beseitigt.[4] Warum Deutschland mit der Verweigerung eines Schadensersatzanspruches neue Konflikte mit dem EG-Recht heraufbeschwört, bleibt sein Geheimnis. Soweit EG-Richtlinien spezielle den Verbraucher schützende Werbevorschriften enthalten, greift § 823 Abs. 2 BGB.

Das einzig wirklich innovative Element ist der Anspruch auf Abschöpfung von sog. Unrechtsgewinnen. In ihrer Halbherzigkeit erinnert die Regelung an den Ende der 70er Jahre gescheiterten Versuch, einen kollektiven Schadensersatzanspruch einzuführen. Noch in letzter Sekunde wurde die Haftung auf vorsätzliche Zuwiderhandlungen begrenzt. Auch das Problem der Schadensberechnung ist nicht wirklich gelöst.

Was bleibt, ist Ratlosigkeit. Mit großem intellektuellen Aufwand wurde ein Reförmchen geboren, das in dieser Fassung kein Modell für eine europäische Regelung abgeben kann. Das Recht des unlauteren Wettbewerbs wurde in Deutschland neu geordnet. Nun ist Europa am Zuge. Der Beitrag untersucht das nach wie vor erhebliche Spannungsverhältnis der deutschen UWG-Reform zu geplanten EG-Initiativen. Dabei geht es um einen kursorischen Überblick über die den Stand der Reformarbeiten, die Ziele der Reformen, die Reichweite des Konsens und die nach wie vor offenen Konflikte in ihrer jeweiligen deutschen bzw. gemeinschaftsrechtlichen Ausprägung. Es wird zu zeigen sein, dass es offensichtlich erst weiterer europäischer Aktivitäten bedarf, um dem UWG jenen Impetus zu verleihen, der vom Gesetzgeber schon jetzt herbeigeredet wird. Insofern dürfte schon bald eine Reform des reformierten UWG anstehen.

---

[4] *Keßler/Micklitz*, Die Harmonisierung des Lauterkeitsrechts in den Mitgliedstaaten der Europäischen Gemeinschaft und die Reform des UWG, 2003, S. 157.

II. Deutsche Reform und europäische Reformüberlegungen im Überblick

Es gibt wohl kaum eine Domäne des Rechts, die so intensiv wissenschaftlich diskutiert wird wie das UWG. So findet sich über die deutsche Reform und die europäischen Reformüberlegungen eine Vielzahl von Publikationen. Hier soll es allein darum gehen, die Grundlagen vorzustellen, die für ein Verständnis der Neuordnung des Wettbewerbsrechts notwendig sind.

1. Deutschland – das reformierte UWG

Die Debatte hinsichtlich der Reform des deutschen Lauterkeitsrechts und dessen Harmonisierung mit den normativen Vorgaben der Europäischen Gemeinschaft ist durch zwei vom Justizministerium in Auftrag gegebene Gutachten formell eingeleitet worden.[5] Überdies hat das Bundesjustizministerium eine Arbeitsgruppe eingesetzt, die ihrerseits im Vorgriff auf den Referentenentwurf einen Diskussionsvorschlag unterbreitet hat.[6] Ich begreife es als ein Gebot der Fairness, meine eigene Beteiligung sowohl auf europäischer als auch auf nationaler Ebene offenzulegen. Unter meiner Leitung hat das Institut für Europäisches Wirtschafts- und Verbraucherrecht im Jahre 2000 für die DG SANCO eine Studie zum europäischen Lauterkeitsrecht durchgeführt[7], die dem Grünbuch zum Verbraucherschutz den Boden bereitet hat[8] und die die Folie für ein Gutachten bildete, das Jürgen Keßler und ich für den Verbraucherzentrale Bundesverband e.v. verfasst haben.[9] Uns ging es sowohl auf nationaler als auch auf europäischer Ebene um die Verankerung des Informationsparadigmas. Gleichzeitig haben Astrid Stadler und ich für das neu gegründete Bundesministerium für Verbraucherschutz, Ernährung und Landwirtschaft ein Gutachten über die Perspektiven eines kollektiven Anspruchs auf Unrechtsgewinnabschöpfung erstellt.[10] Hier hatten wir für einen Schadensersatzanspruch plädiert, der Anreize für die Rechtswahrnehmung setzen sollte. An der Ausarbeitung der Gesetzesentwürfe bzw. des Richtinienvorschlages war ich jedoch nicht beteiligt.

Der Referentenentwurf zur Reform des UWG wurde unter Federführung des BMJ erstellt. Das BMVEL war an der Ausarbeitung nicht beteiligt. Insofern nimmt es nicht Wunder, dass sich der spezifische Beitrag des BMVEL im Gesetzesvorhaben kaum niederschlug. Neben der Aufnahme des Verbraucherschutzes in die Schutztrias gelang die zweifelhafte Femininisierung des Verbraucherbegriffs. Das gesetzgeberische Verfahren erwies sich mühseliger als erwartet. Die Bundesregierung hatte angesichts der Zielsetzung, Modernisierung und Liberalisierung im Zeichen eines verbesserten Verbraucherschutzes wohl auf breitere Zustimmung auch aus Kreisen der Opposition gesetzt.

---

[5] Vgl. *Schricker/Henning-Bodewig*, wrp 2001, 1367; *Fezer*, wrp 2001, 989.
[6] *Köbler/Bornkamm/Henning-Bodewig*, wrp 2002, 1317.
[7] Die Studie ist auf der Homepage der DG SANCO veröffentlicht, vgl. auch *Micklitz/Kessler* (eds.) Marketing Practice Regulation and Consumer Protection in the EC and the US, 2002, sowie *dieselben*, Europäisches Lauterkeitsrecht, Dogmatische und ökonomische Aspekte einer Harmonisierung im Binnenmarkt, GRUR Int. 2002, 885.
[8] KOM (2001) 531 endg. 2.10.2001, sowie die Folgemaßnahmen KOM (2002) 289 endg. 11.6.2002.
[9] *Keßler/Micklitz*, (Fn. 4).
[10] *Micklitz/Stadler*, »Unrechtsgewinnabschöpfung« – Möglichkeiten und Perspektiven eines kollektiven Schadensersatzanspruches im UWG, Band 11 der VIEW Schriftenreihe, 2003.

Als Dollpunkte erwies sich die Auseinandersetzung um die Einführung eines allgemeinen Vertragslösungsrechts jenseits des ehemaligen § 13a UWG auch für die Konstellationen der unlauteren Werbung sowie der in Inhalt und Ausgestaltung höchst umstrittene Gewinnabschöpfungsanspruch.

Das UWG wurde schließlich am 3.7.2004[11] vom Bundestag verabschiedet. Es besteht ohne Schlussbestimmungen aus 19 Paragraphen. § 1 definiert erstmalig den Zweck. Schutz der Mitbewerber, der Verbraucher und Schutz der Allgemeinheit stehen gleichrangig nebeneinander. Ganz im Sinne der europäischen Regulierungstechnik folgt in § 2 eine Definition der einschlägigen Begriffe, Wettbewerbshandlung, Marktteilnehmer, Mitbewerber, Nachricht sowie des Verbrauchers und des Unternehmers, für die insoweit auf die §§ 13 und 14 BGB verwiesen wird. § 3 formuliert das Verbot unlauteren Wettbewerbs. Neu eingeführt wurde die Erheblichkeitsschwelle. Gleichzeitig wurde jedoch bei Unterlassungsklagen die Bezugnahme auf die wesentlichen Belange der Verbraucher gestrichen. §§ 4, 5, 6 und 7 UWG formulieren erstmalig beispielhaft und nicht abschließend gesetzgeberische Tatbestände für die unlautere, irreführende, vergleichende und belästigende Werbung. Dem Gesetzgeber ging es vor allem um eine Kodifizierung der Rechtsprechung zu den ehemaligen § 1 (sittenwidrige Werbung), § 2 (vergleichende Werbung) und § 3 (irreführende Werbung) UWG a.F. Wirklich Neues lässt sich bei § 4 n.F. nicht finden, außer dass der antiquiert wirkende Begriff der guten Sitten durch den der Unlauterkeit ausgetauscht wurde, ohne dass damit in der Sache eine Änderung verbunden wäre. Von Bedeutung könnte § 4 Nr. 10 werden, der die Vorgaben für den Rechtsbruchtatbestand neu definiert.[12] Für die hier verfolgte Fragestellung von größerer Wichtigkeit ist § 5, der die irreführende Werbung regelt. § 5 Abs. 2 definiert die Kriterien, anhand derer die Irreführung zu messen ist. § 5 Abs. 1 Satz 2 UWG kodifiziert das von der Rechtsprechung entwickelte Verschweigungsverbot, das für die Entwicklung eines Informationsparadigmas von herausragender Bedeutung ist. § 5 Abs. 4 formuliert eine Sonderregelung für die Preisherabsetzung (Mondpreiswerbung), § 5 Abs. 5 für die Werbung ohne ausreichende Bevorratung. § 7 ist dem Umstand geschuldet, dass der Gesetzgeber die Datenschutzrichtlinie 2002/58/EG umzusetzen hatte. Die an sich mögliche Liberalisierung der Telefonwerbung – Umstellung von opt-in auf opt-out – hat der Gesetzgeber im Einklang mit der Rechtsprechung des BGH, aber gegen das Petitum des Bundesrates, nicht vorgenommen.[13]

Die Regelung der Rechtsfolgen wurde in den §§ 8 bis 11 zusammengefasst. § 8 regelt den Anspruch auf Beseitigung und Unterlassung, der wie bisher dem Mitbewerber, den Verbraucherverbänden und den Verbänden der gewerblichen Wirtschaft zusteht, aber nicht dem einzelnen Verbraucher. Während sich die Klagebefugnis aus der Liste der eingetragenen qualifizierten Ein-

---

[11] BGBl. I Nr. 32, 1414.
[12] *Köhler*, NJW 2004, 2124 meint sogar, dass diesem Beispielstatbestand die größte Bedeutung zukomme.
[13] Siehe zum gemeinschaftsrechtlichen Hintergrund *Micklitz*, in Reich/Micklitz, Europäisches Verbraucherrecht, 4. Auflage, 2003, § 7 in Bezug auf die Unterschiede zwischen der Fernabsatzrichtlinie 97/7/EG, der Richtlinie 2002/65/EG über den Fernabsatz von Finanzdienstleistungen, der Richtlinie 2000/31/EG über den elektronischen Rechtsverkehr und über die Datenschutzrichtlinie 2002/58/EG.

richtungen ergibt, ist sie bei den Verbänden der gewerblichen Wirtschaft nach wie vor gesondert zu prüfen. Schadensersatz nach § 9 steht den Mitwerbern zu, nicht aber den Verbrauchern. Auch insoweit schreibt der Gesetzgeber das bestehende Recht trotz vielseitig erhobener Kritik fort. § 10 formuliert die Anforderungen an den allseits inkriminierten Gewinnabschöpfungsanspruch. Er richtet sich gegen jeden, der § 3 vorsätzlich zuwiderhandelt und hierdurch zu Lasten der Abnehmer einen Gewinn erzielt. Der Anspruch steht auch den Verbänden zu, die einen möglichen Gewinn, nach Abzug ihrer Kosten, an den Bundeshaushalt abzuführen haben. § 11 differenziert bei der Verjährung zwischen den Ansprüchen auf Unterlassung (6 Monate), Schadensersatzansprüche (10 Jahre ohne Rücksicht auf Kenntnis oder Kennenmüssen ab Entstehung bzw. 30 Jahre ab der auslösenden Handlung), andere Ansprüche – vor allem der Gewinnabschöpfungsanspruch (drei Jahre ohne Rücksicht auf Kenntnis oder Kennenmüssen ab Entstehung). Die §§ 12 bis 15 befassen sich mit den Verfahrensvorschriften, § 12 mit der Anspruchsdurchsetzung – erstmals wird der Anspruch auf Ersatz der Abmahnkosten kodifiziert, der Veröffentlichungsbefugnis und der Streitwertminderung; § 13 mit der sachlichen und § 14 mit der örtlichen Zuständigkeit, § 15 mit den Einigungsstellen. Die §§ 16 bis 19 enthalten Straftatbestände.

Gegenüber dem alten UWG ist die Streichung der abstrakten Irreführungstatbestände der §§ 6, 6a, 6b, 7 und 8 UWG a.F. hervorzuheben. Sonderverkaufsveranstaltungen und Räumungsverkäufe sind von den strengen Voraussetzungen befreit und unterliegen nur noch § 5 (Verbot der irreführenden Werbung).

2. Europäische Gemeinschaft – der Traum vom europäischen Lauterkeitsrecht
De lege ferenda hat die Kommission das große Ziel eines einheitlichen europäischen Lauterkeitsrechts nie aufgegeben und über die Jahre ein dichtes Regelwerk entwickelt, das jedoch die gebotene innere Kohärenz und Konsistenz vermissen lässt. Genau darin liegt das Dilemma des europäischen Lauterkeitsrechts. Es lässt sich nicht mehr neu erschaffen, sondern muss auf dem vorhandenen Bestand an Rechtsregeln aufbauen, muss diese in ein einheitliches Konzept überführen. Die Generaldirektion SANCO hat im Jahre 2000 eine Studie in Auftrag gegeben, um die Perspektiven eines einheitlichen Rechtsrahmes für faire Marktpraktiken in der Gemeinschaft ausloten zu lassen.[14] Die Ergebnisse dieser Studie sind in das »Grünbuch zum Verbraucherschutz in der Europäischen Union« vom Oktober 2001 eingeflossen, das trotz seines insoweit irreführenden Titels Optionen für die Entwicklung eines europäischen Lauterkeitsrechts benennt.[15] Doch scheint eine wie auch immer geartete Generalklausel, die ein Lauterkeitsgebot statuiert, selbst innerhalb der Kommission nicht unumstritten. Zeitgleich zum Grünbuch hat die Kommission einen Vorschlag für eine Verordnung des Europäischen Parlamentes und des Rates über Verkaufsförderung im Binnenmarkt vorgelegt,

---

[14] *Bultmann/Howells/Keßler/Micklitz/Radeideh/Reich/Stuyck/Voigt*, The Feasibility of a Legislative Framework on Fair Trading, three Volumes, veröffentlicht auf der Homepage der DG SANCO.
[15] KOM (2001) 531 endg., 2.10.2001.

die in deutlicher Handschrift der Generaldirektion Markt die Zulässigkeit verkaufsfördernder Maßnahmen abschließend im Wege einer Verordnung zu regeln gedenkt.[16]

a) Zur geplanten Lauterkeitsrichtlinie

Das Grünbuch favorisiert die Ausarbeitung eines rechtlichen Gesamtrahmens für ein auf den Verbraucherschutz beschränktes europäisches Lauterkeitsrecht,[17] entweder in Form eines spezifischen Ansatzes auf der Grundlage eines zu verabschiedenden Bündels weiterer Richtlinien oder in Form eines kombinierten Ansatzes, bestehend aus einer umfassenden Rahmenrichtlinie und ergänzend dazu spezifischen Einzelrichtlinien dort, wo dies erforderlich wäre.[18] Bei sorgfältiger Lektüre stellt sich jedoch schnell heraus, dass die Kommission eine klare Präferenz für den sog. kombinierten Ansatz hat.[19] Die gewünschte Rahmenrichtlinie soll generelle Vorgaben an Werbung, Marketing und Geschäftspraktiken formulieren. Die Kommission will es nicht bei der Einführung einer wie auch immer gearteten Generalklausel belassen. Diese soll vielmehr mittels einer Liste inkriminierter Marktpraktiken nach dem Vorbild des Anhangs der Richtlinie 93/13/EWG ergänzt werden.[20]

Bemerkenswert eindeutig ist die Kommission in Bezug auf die Rolle und Funktion der Information im Rahmen eines europäischen Gesamtkonzepts. Angesichts der Bedeutung von Informationspflichten für den Verbraucherschutz und des in Art. 153 EG verankerten Anspruchs der Verbraucher auf Information sei es in jedem Fall unerlässlich, eine allgemeine Pflicht zur Offenlegung von Informationen vorzusehen.[21] Die Informationsverpflichtung überschreitet nach der Auffassung der Kommission die Grenzen der Werbung und ragt weit in das Vertragsrecht hinein. Die Unternehmen sollen nicht nur verpflichtet werden, dem Verbraucher alle wesentlichen Informationen rechtzeitig und eindeutig offen zu legen – was immer genau darunter zu verstehen sein mag – sie sollen mittels der Informationsverpflichtung veranlasst werden, den Kunden nicht mit Informationen zu überfrachten bzw. ihn vom exzessiven Gebrauch des »Kleingedruckten« zu befreien. Marktpraktiken umfassen nach dem insoweit offen gelegten Verständnis der Kommission nicht nur Werbung und verkaufsfördernde Maßnahmen, sondern auch Vertragspraktiken, d.h. allgemeine Geschäftsbedingungen.

Am 7.12.2001 hat die Kommission in Brüssel ein Hearing zum Grünbuch veranstaltet, auf dem die Vertreter der Kommission eine Interpretation des Grünbuchs geliefert haben, die sich mit der hier vorgenommenen Lesart deckt. Die Stellungnahmen zum Grünbuch sind im Internet zugäng-

---

[16] KOM (2001) 546 endg., 2.10.2001.
[17] Dieser beschränkte Regelungsansatz hat gerade in Deutschland erhebliche Kritik erfahren, *Henning-Bodewig*, GRUR Int. 2002, 389, 395–396.
[18] KOM (2001) 531 endg., 2.10.2001, 13.
[19] Vgl. *Max-Planck-Institut*, GRUR Int. 2002, 319, 322.
[20] KOM (2001) 531 endg., 2.10.2001, 17; dazu *Wiebe*, wrp 2002, 283, 288.
[21] KOM (2001) 531 endg., 2.10.2001, 16.

lich.[22] Die Mitteilung der Kommission vom 11.6.2002 schreibt auf der Basis der Auswertung der zum Grünbuch eingegangenen Stellungnahmen die Politik der Kommission fort. Bemerkenswert ist, dass die Kommission an der im Grünbuch deutlich gewordenen Konzeption festhält. Der Reformbedarf an sich, und die Notwendigkeit einer Rahmenrichtlinie, die auf einem Verbot unlauterer Geschäftspraktiken basiert, das mittels einer Liste verbotener Marktpraktiken konkretisiert wird, die Einbeziehung von Verhaltenskodizes, die unter Einbeziehung der Verbraucher ausgearbeitet und im Falle eines Verstoßes sanktioniert werden sollen, bilden die Ecksteine des angestrebten Vorhabens.[23]

Mit Datum vom 18.6.2003 hat die Kommission ihren Richtlinienvorschlag zur Harmonisierung des Rechts gegen unlautere Geschäftspraktiken im binnenmarktinternen Geschäftsverkehr zwischen Unternehmen und Verbrauchern vorgelegt.[24] Das Europäische Parlament hat am 20.4.2004 in erster Lesung über die Richtlinie entschieden und etlichen Änderungsanträgen stattgegeben. Kommission und Rat haben sich mit den in der 1. Lesung beschlossenen Änderungen beschäftigt. Auf seiner Tagung vom 18.5.2004 konnte der Rat »Wettbewerbsfähigkeit« eine politische Einigung über die gemeinsame Position zum Richtlinienvorschlag erzielen.[25] Sobald dieser Entwurf[26] formell angenommen ist, wird er dem Parlament zur zweiten Lesung übermittelt.

Soweit es die formale Struktur des Richtlinienentwurfs betrifft, unterscheiden sich die inhaltlichen Regelungsvorgaben hinsichtlich der Mitgliedstaaten nur geringfügig von den lauterkeitsrechtlichen Kodifikationen kontinentaleuropäischer Provenienz[27]. An der Spitze der materialen Regelung findet sich das generelle Verbot »unlauterer Geschäftspraktiken« in Gestalt einer – nunmehr im sekundären Gemeinschaftsrecht begründeten – Generalklausel (Art. 5). Diese findet ihre spezielle Ausprägung im Verbot »irreführender Handlungen« (Art. 6) und des »irreführenden Unterlassens« (Art. 7) sowie der Untersagung »aggressiver Geschäftspraktiken« (Art. 8), insbesondere der »Belästigung, Nötigung und unzulässigen Beeinflussung« (Art. 9). Zudem enthält der Anhang I der Richtlinie eine Liste von Geschäftspraktiken, die gem. Art. 5 Abs. 4 »*unter allen Umständen als unlauter anzusehen sind*«. Darüber hinaus strebt die Kommission an, unlautere Geschäftspraktiken durch – freiwillige – Verhaltenskodices der Gewerbetreibenden auf nationaler und europäischer

---

[22] http://europa.eu.int/comm/consumers/policy/intro/responses/index_en.htm
[23] KOM (2002), 289 endg., 18.
[24] KOM (2003) 356 endg.
[25] 2003/0134 (COD) CONSOM 52 MI 170 CODEC 748.
[26] Die wichtigsten Ergebnisse dieser Einigung waren: (1) deletion of the »country of origin clause« on the understanding that other provisions of the Directive ensure maximum harmonisation, (2) possibility for the Member States to apply national provisions more prescriptive or restrictive than the Directive, which implements minimum harmonisation clauses for six years from the transposition of the Directive, (3) revision clause ensuring that the situation will be re-examined and, as appropriate, revised on the basis of a Commission report to be submitted four years after transposition of the Directive accompanied, if necessary, by appropriate proposals on which the European Parliament and the Council should act within two years.
[27] Siehe hierzu ausführlich *Micklitz/Keßler* (Fn. 7).

Ebene zurückzudrängen (Art. 10).[28] Artikel 11 enthält die Verpflichtung der Mitgliedstaaten, im Interesse der Verbraucher für geeignete und wirksame Möglichkeiten zur Bekämpfung unlauterer Geschäftspraktiken und für die Einhaltung der Richtlinie Sorge zu tragen. Dabei steht es den Mitgliedstaaten frei, die Durchsetzung des harmonisierten Lauterkeitsrechts einer Verwaltungsbehörde zu übertragen oder – dem überkommenen Konzept des deutschen Wettbewerbs folgend – in die Hände der (Zivil-)Gerichtsbarkeit zu legen. Darüber hinaus enthält Art. 12 die Verpflichtung, im Zusammenhang mit der Durchsetzung des Verbots unlauterer Geschäftspraktiken, den Gewerbetreibenden als Beleg für Tatsachenbehauptungen im Zusammenhang mit einer Geschäftspraxis bestimmte Beweisobliegenheiten aufzuerlegen. Letztlich verpflichtet Art. 12 die Mitgliedstaaten bei Verstößen gegen die Vorgaben des harmonisierten Lauterkeitsrechts, ein System »wirksamer, verhältnismäßiger und abschreckender« Sanktionen einzuführen und durchzusetzen.

b) Zur geplanten Verordnung über Verkaufsförderung
Schon von der Form des Vorschlages her verdienen zwei Aspekte besondere Beachtung. Der Vorschlag ist erstmals in Form einer Verordnung präsentiert worden und zielt demgemäß auf eine vollständige Harmonisierung. Damit beschreitet die Kommission neue Wege in der Regulierung der Werbung. Zwar ist die vollständige Harmonisierung im europäischen Werberecht kein Fremdkörper mehr, doch hat sich die Gemeinschaft bislang immer des Mittels der Richtlinie bedient. Regelungstechnisch vertraut die Kommission vollständig auf das Informationsmodell. Einheitliche Anforderungen an die Information und Transparenz verkaufsfördernder Maßnahmen sollen die Grundlage des zukünftigen europäischen Rechts bilden. Soweit eine Harmonisierung nicht geboten ist, soll eine Angleichung der verkaufsfördernden Maßnahmen auf dem Wege der wechselseitigen Anerkennung erreicht werden.[29]

Ein solcher Regelungsansatz verlangt klare begriffliche Vorgaben. Der Vorschlag unterscheidet acht Formen verkaufsfördernder Maßnahmen, die vom Anwendungsbereich erfasst sind:[30]

(i) einfache Preisnachlässe; (ii) Mengenrabatte; (iii) Gutscheine; (iv) unentgeltliche Zugaben, d.h. Zuwendungen, die unabhängig vom Kauf angeboten werden; (v) Zugaben, d.h. Angebote, die keine Rabatte sind und die ein Verbraucher erhält, wenn er die beworbene Ware oder Dienstleistung bestellt oder gekauft hat; (vi) Preisausschreiben, die Fragen an die Verbraucher beinhalten, deren Beantwortung bestimmte Kenntnisse/Fertigkeiten erfordert; (vii) Gewinnspiele, bei denen der Gewinner durch Zufall ermittelt wird und die Teilnahme keine Zahlung erfordert; (viii) Gewinnspiele, bei denen der Gewinner durch Zufall ermittelt wird und die Teilnahme weder Kauf noch Zahlung erfordert.

---

[28] Zu dem hier angesprochenen Grundsatz der Selbstregulierung *Micklitz/Keßler*, wrp 2003, 919–936; *dies.*, GRUR Int. 2002, 894 ff.
[29] Vgl. die ausführliche Darstellung des Vorschlages bei *Göhre*, wrp 2002, 36, 38.
[30] KOM (2001) 546 endg./2, 15.1.2002, 5.

Die Kommission will dieses komplexe Gebilde von verkaufsfördernden Maßnahmen mit Hilfe dreier Arten von Vorschriften bewältigen:[31] (i) vollständige Harmonisierung bestimmter Vorschriften über die Nutzung und Bekanntmachung verkaufsfördernder Maßnahmen, um den Verbraucher im Binnenmarkt effektiv zu schützen. Inhaltlich geht es um die Formulierung von Transparenzanforderungen an verkaufsfördernden Maßnahmen sowie um punktuell beschränkte Verbote; (ii) Aufhebung bestimmter als unverhältnismäßig diagnostizierter Beschränkungen, die aus nationalen Vorschriften resultieren und die aus der Sicht der Kommission harmonisiert werden müssen, weil die gegenseitige Anerkennung nicht ausreiche, um die ungehinderte Einfuhr von Dienstleistungen, die Niederlassungsfreiheit und die Ausfuhr von Dienstleistungen frei von Wettbewerbsverzerrungen zu gewährleisten; (iii) Anwendung des Grundsatzes der gegenseitigen Anerkennung auf die verbleibenden nationalen Vorschriften.

Der ursprüngliche Vorschlag der Kommission ist in der ersten Lesung vor dem Europäischen Parlament auf erhebliche Kritik gestoßen.[32] Dafür legen 57 verabschiedete Änderungen Zeugnis ab. Die Kommission hat daraufhin ihren Vorschlag grundlegend überarbeitet.[33] 40 Änderungen hat sie uneingeschränkt, sieben mit Einschränkungen akzeptiert. Gleichwohl und trotz der vielfältigen Überarbeitung hat sich an der grundlegenden Ausrichtung des Vorschlages nichts geändert. Mit dem Votum des Europaparlaments im Rücken hält die Kommission an der Form einer Verordnung fest.[34] Besondere Beachtung verdienen drei Änderungen; die Stärkung des Verbraucherschutzgedankens, einschließlich der Berücksichtigung des Minderjährigenschutzes, die Neuregelung des Verkaufes unter Einstandspreis sowie die der Gewinnspielwerbung. Am 19.5.2003 konnte im Wettbewerbsfähigkeitsrat über Kompromissvorschläge jedoch keine Einigung erzielt werden, seitdem ist das Gesetzgebungsverfahren nicht fortgeschritten.

3. Gegenüberstellungen

In Deutschland wird insbesondere diskutiert, wie der Richtlinienansatz, der lediglich auf den Schutz der wirtschaftlichen Interessen der Verbraucher gerichtet ist, mit dem weiteren Schutzzwecktrias des UWG in Einklang gebracht werden kann.[35] Kritisch wird aus deutscher Sicht hervorgehoben, dass die Trennung zwischen B2B- und B2C-Verhältnis künstlich ist, da in vielen Fällen eine Beziehung zwischen Unternehmern auch Auswirkungen auf das Verhältnis mit den Verbrauchern hat und umgekehrt. So sind etwa im Falle der sklavischen Produktnachahmung gleichzeitig horizontale wie auch vertikale Interessen betroffen. Auch die Verunglimpfung eines Mitbewerbers kann den Verbraucher betreffen, da eine solche Herabsetzung Einfluss auf seine Kaufentscheidung

---

[31] KOM (2001) 546 endg./2, 15.1.2002, 9.
[32] Sitzung des Europaparlamentes, 4.9.2002, PE 319.921.
[33] KOM (2002) 585 endg. 25.10.2002.
[34] Sitzung des Europaparlamentes, 4.9.2002, PE 319.921, 18.
[35] *Busch*, The European Legal Forum, 2004, 96.

haben kann.[36] Da B2B-Verhältnisse nicht von der Rahmenrichtlinie erfasst werden sollen, können diese weiterhin unterschiedlich in den Mitgliedstaaten geregelt werden.[37] Dies widerspricht aber der Zielsetzung nach einer umfassenden Harmonisierung des Lauterkeitsrechts auf europäischer Ebene. Aus diesen Gründen fordern Wissenschaft und Verbände fast einhellig, auch den B2B-Bereich in den Richtlinienentwurf mit einzubeziehen.

Auf den ersten Blick weniger offensichtlich sind die Unterschiede in der Reichweite der Schutzinteressen des Verbrauchers. Die Richtlinie klammert den Schutz der Gesundheit und Sicherheit aus dem Anwendungsbereich aus. Der Hintergründe für diese Entscheidung dürfte darin zu suchen sein, dass das Gemeinschaftsrecht insoweit eine ganze Reihe von Sonderregelungen bereithält.[38] Das reformierte UWG kennt eine solche Eingrenzung nicht, so dass theoretisch auch Wettbewerbshandlungen, die die Gesundheit und Sicherheit der Verbraucher zu beeinträchtigen drohen, mit dem Verdikt der Unlauterkeit oder Irreführung belegt werden können.

III. Ziele der Reformen

Scheinbar laufen die Ziele parallel, der deutsche Gesetzgeber spricht von Modernisierung des UWG und meint Liberalisierung sowie Ausbau des Verbraucherschutzes, die Europäische Kommission von Verwirklichung des Binnenmarktes auf einem hohen Verbraucherschutzniveau. Bemerkenswert ist die Parallelisierung der Begrifflichkeiten, bemerkenswert auch der Gleichklang zwischen Liberalisierung und Verbraucherschutz. Hier wie dort wird der Verbraucher für die Zwecke eines modernen Lauterkeitsrechts instrumentalisiert. Dennoch unterschieden sich die Konzepte bei näherer Analyse erheblich. Die deutsche Rechtsordnung hält am Verständnis eines Sonderdeliktsrechts fest, die Europäische Gemeinschaft begreift Lauterkeitsrecht als Marktkommunikation in einer einheitlichen Wettbewerbsordnung.

1. Sonderdeliktsrecht oder Einheit der Wettbewerbsordnung

Das Augenmerk richtet sich auf die sich deutlich abzeichnenden materialen Divergenzen und Wertungswidersprüche wie sie zwischen beiden Gesetzgebungsprogrammen nationaler und europäischer Provenienz deutlich zu Tage treten.[39] So ist die in den normativen Zielprojektionen unter dem Rubrum des »Verbraucherschutzes« verlautbarte Harmonie allenfalls vordergründiger Natur[40]. Was zunächst die deutsche Reformkonzeption betrifft, so vermag sich diese noch immer nicht aus der überkommenen Konzeption eines »Sonderdeliktsrechts«, welches keine spezifische wettbe-

---

[36] *Krüger/Gamm*, The European Legal Forum, 2004, 99.
[37] *Gamerith*, Bundesministerium für Wirtschaft und Arbeit, Januar 2003, Vorbemerkung ii.
[38] *Micklitz*, in Reich/Micklitz (Fn. 13), § 10 mit Nwen.
[39] Siehe bereits umfassend *Keßler/Micklitz*, (Fn. 4), 22 ff.
[40] *Micklitz*, BB 2003, Heft 21, a.a.O.

werbstheoretische und -politische Fundierung aufweist, zu lösen.[41] So betont denn auch die Begründung zur neuen Generalklausel des § 3 UWG in fast lapidarem Tonfall: »*Unter der Verfälschung des Wettbewerbs ist von vorneherein nicht eine Verfälschung des Wettbewerbs als Institution der Marktwirtschaft zu verstehen. Maßstab sind vielmehr die Wirkungen wettbewerbswidrigen Verhaltens auf das Marktgeschehen.*« Demgegenüber verweist die Kommission bereits in der einleitenden Begründung ihres Richtlinienentwurfs auf den immanenten Marktbezug des Harmonisierungsvorhabens, ist es ihr doch vor allem darum zu tun, »*den mit erweiterten Rechten ausgestatteten Verbraucher in den Mittelpunkt eines wettbewerbsorientierten Binnenmarktes (zu) stellen*«.[42] Folgerichtig betonen die Erwägungsgründe[43] die durchgängige Ausrichtung des Regelungsbestandes an den normativen Postulaten des Binnenmarktes: »*Die Lauterkeit des Geschäftsverkehrs innerhalb dieses Raums ohne Binnengrenzen ist wesentlich für die Förderung grenzüberschreitender Geschäftstätigkeiten.*«

Nun schließen sich deliktsrechtliche Orientierung und wettbewerbstheoretische Fundierung bei der Konzeption des Lauterkeitsrechts keineswegs aus. Es gereicht der UWG-Reform keineswegs zum Nachteil, dass der Gesetzgeber an der überkommenen und bewährten deliktsrechtlichen Ausrichtung bei der Sanktionierung und Durchsetzung lauterkeitsrechtlicher Verstöße festhält, steht dies doch – wie Art. 11 des Richtlinienentwurfs zeigt – in Übereinstimmung mit den europarechtlichen Vorgaben.[44] Die Crux des in concreto gewählten Ansatzes beruht vielmehr in dem Umstand, dass die Gesetzesredaktoren die wettbewerbspolitische Funktion des Lauterkeitsrechts insgesamt negieren[45] und hierdurch – im deutlichen Gegensatz zu dem bisher als gesichert geltenden dogmatischen Erkenntnisstand von der »Einheit der Wettbewerbsordnung«[46] – die methodische Verknüpfung mit den marktpolitischen Vorgaben des GWB und den Wettbewerbregeln des EGV in systemwidriger Weise zerreißen.[47] Deutlich wird der Unterschied in der Einschätzung und Bewertung des Stellenwertes von Informationsgeboten im Lauterkeitsrecht.

2. Marktliches Handeln und Marktkommunikation

Ein modernes Verständnis des Lauterkeitsrechts verlangt, sich genau jener übergreifenden Bezüge in einer einheitlichen Wettbewerbsordnung zu vergewissern. Hierzu ist ein kleiner Ausflug in die theoretische Verankerung des Lauterkeitsrechts erforderlich. Den Ausgangspunkt bildet das Kon-

---

[41] Vgl. *Köhler*, GRUR 2003, 265, 267; *Sosnitza*, GRUR 2003, 739, 745; zur Genese des UWG als Sonderdeliktsrecht siehe *Keßler/Micklitz*, (Fn. 4), 30 ff.
[42] Begründung Tz. 4.
[43] Erwägungsgründe Seite 2, Tz. 1.
[44] Begründung Tz. 76 ff.
[45] Weitgehend unkritisch zu diesem Aspekt *Sack*, a.a.O., 1073 f.
[46] Siehe hierzu *Fikentscher*, GRUR Int. 1966, 161 ff.; *Hirtz*, GRUR 1980, 93 ff.; *Wolf*, wrp 1995, 573 ff.; *Keßler*, wrp 1987, 75 ff.; *ders.*, wrp 1988, 714 ff.
[47] Siehe bereits: *Micklitz/Keßler*, GRUR Int. 2002, 885 ff., 893 ff.

zept des »workable competition« (funktionsfähigen Wettbewerb).[48] Danach hängt die Funktionsfähigkeit von Wettbewerbsprozessen im Lichte der »market results« – cum grano salis – von der konkreten Marktstruktur und dem Verhalten der Marktteilnehmer ab. Fragt man dabei nach der inneren »Mechanik« des Wettbewerbsprozesses, d.h. dessen »Funktionieren«, so gründet das wettbewerbliche Geschehen – entgegen einer verbreiteten Auffassung – weniger im marktbezogenen Güter- und Leistungsaustausch, vielmehr erweist sich das Markthandeln in seinem Kern als Kommunikationsprozess, d.h. als Austausch von Informationen zwischen den Marktteilnehmern, insbesondere zwischen den Anbietern und privaten Verbrauchern. Mit anderen Worten: Ohne Kommunikation zwischen der Angebots- und der Nachfrageseite des Marktes gibt es keinen Wettbewerb um ein potentielles Geschäft.

Der Verbraucher steuert kraft seiner »Schiedsfunktion« das Leistungsangebot des Marktes. Dabei beruht die ökonomische Rationalität des Dialogs zwischen den Marktstufen notwendig auf der Prämisse, dass den Konsumenten im Rahmen ihres Entscheidungsaktes diejenigen Informationen zur Verfügung stehen, deren sie zur Beurteilung des Angebots bedürfen. Die damit postulierte Informationsstruktur entspricht durchweg dem ökonomischen Konzept einer hinreichenden Markttransparenz. Dies gebietet und legitimiert zunächst den überkommenen Ansatz einer werblichen Irreführungskontrolle. Mit anderen Worten: Der Verbraucher darf durch die Verwendung irreführender oder desorientierender Marketingpraktiken nicht der Möglichkeit beraubt werden, aus seiner Sicht marktrationale Entscheidungen zu treffen. Eine am Konzept der Verbrauchersouveränität orientierte Markttransparenz ist folglich eine unverzichtbare Bedingung für die Rationalität des Marktprozesses seiner Gesamtheit und damit letztlich die Sicherung eines funktionsfähigen Wettbewerbs.

Der deutsche Gesetzgeber unterstreicht den Stellenwert der Konsumentensouveränität, begreift sie jedoch nach wie vor als Schutz vor Irreführung und vor unlauterer Beeinträchtigung der freien Willensentscheidung. Das im Entstehen begriffene europäische Lauterkeitsrecht geht einen entscheidenden Schritt weiter, indem es dem Verbraucher die Informationen bereitzustellen sucht, die er benötigt, um seine Souveränität auszuüben. Hierin liegt die Schlüsselfunktion des Informationsparadigmas. In der anlaufenden Diskussion um die dogmatische Ausformung des UWG wird das erkannt, jedoch können selbst Interpretationsversuche im neuen UWG nicht die konzeptionellen Unterschiede überdecken.[49] Treten bereits hinter dem scheinbaren Konsens über das Verbraucherleitbild bzw. über die Einschätzung und Bewertung verkaufsfördernder Maßnahmen Divergenzen mehr oder weniger deutlich zu Tage, so wachsen sie sich in der Auseinandersetzung über die Einordnung des Informationsgebotes und des Rechtsschutzes zu offenen Konflikten aus.

---

[48] Vgl. aus der deutschen Literatur zum Wettbewerbsrecht, *J. Keßler*, wrp 1990, 73; *ders.*, Das ökologische Argument in der Konsumgüterwerbung, 1988, S. 6; *ders.*, wrp 1988, 714.
[49] Siehe dazu *Köhler*, NJW 2004, 2121, 2124, Art. 5 Abs. 2 Satz 2 UWG als Grundlage für ungeschriebene wettbewerbsrechtliche Informationspflichten; *Lettl*, GRUR 2004, 449, 452.

IV. Scheinbarer Konsens

Anhand der Darstellung der Divergenzen um das Verbraucherleitbild bzw. um die Behandlung von verkaufsfördernden Maßnahmen lässt sich veranschaulichen, wie sehr der deutsche Gesetzgeber vom Gemeinschaftsrecht getrieben wird und wie schwer er sich bis heute tut, es mit dessen Anerkennung nicht bei einem Lippenbekenntnis bewenden zu lassen.

1. Erzwungene Liberalisierung des Verbraucherleitbildes

Der deutschen Rechtsprechung lag ursprünglich das Leitbild des flüchtigen, unkritischen Verbrauchers zugrunde.[50] Die deutsche Rechtsprechung befindet sich jedoch im Umbruch.[51] Wesentlich beeinflusst durch den EuGH hat der BGH eine Kurskorrektur vorgenommen und sich jetzt auf den durchschnittlich informierten Verbraucher umgestellt. Wie weit eine Angleichung an das europäische Leitbild erfolgt, ist noch offen.[52]

Die Auseinandersetzung um ein europäisches Leitbild des Verbraucherschutzes ist alt. Sie war schon in der *Cassis de Dijon*-Entscheidung des EuGH aus dem Jahre 1979 angelegt. Dort hatte der Generalanwalt *Capotorti* in seinem Schlussantrag die Weichen gestellt. Zu einer Vorschrift, die auch von Importprodukten einen Mindestalkoholgehalt verlangte, sprach er den flüchtigen Verbraucher an: Wenn man auch ihn gegen Irreführung schützen wolle, müsse man Einheitsprodukte vorschreiben. Das sei mit dem Gemeinsamen Markt nicht vereinbar. Der Irreführungsschutz dürfe deshalb nicht auf den flüchtigen Verbraucher abstellen.[53] Seither hat der EuGH in immer neuen Wortwendungen versucht, dem Leitbild Konturen zu verleihen.[54] Als Ausgangspunkt dürfte der durchschnittlich unterrichtete Verbraucher gelten – *Pall/Dahlhausen* und *Meyhui*. Der am Durchschnittsverbraucher orientierte Schutzmaßstab nahm in *Mars* Gestalt an. Hier findet sich zum ersten Mal die Formulierung vom »verständigen Verbraucher«, von dem in concreto erwartet werden kann, dass er weiß, dass zwischen der Größe von Werbeaufdrucken und dem Ausmaß der Erhöhung der Menge nicht notwendig ein Zusammenhang besteht. In *Gut Springenheide* findet sich dann folgende Prüfung:

---

[50] *Emmerich*, UWG, 181 kritisiert das deutsche Verbraucherleitbild als das eines »an der Grenze zur Debilität verharrenden, unmündigen, einer umfassenden Betreuung bedürftigen, hilflosen Verbrauchers, der auch noch gegen die kleinste Gefahr einer Irreführung durch Werbung geschützt werden muss«.

[51] Der BGH scheint zu einer Remedur seiner Rechtsprechung bereit, aber unterschwellig ist eine gewisse Reserviertheit gegenüber dem gemeinschaftsrechtlich favorisierten Leitbild nach wie vor spürbar, vgl. nur BGH, GRUR 2000, 619, 621 li. Spalte, – *Orient-Teppichmuster*: »Der Grad der Aufmerksamkeit des durchschnittlich informierten und verständigen Verbrauchers... (wird) ... eher gering, d.h. eher flüchtig sein.« Optimistischer *Nordemann*, wrp 2000, 977, 979; *Bernreuther*, wrp 2002, 368, 372 f.

[52] Vgl. hierzu ein unentdecktes Potential des Verbraucherleitbildes vor allem *Lettl*, GRUR 2004, 449.

[53] EuGH, 20.2.1979, Rs. 120/78, Slg. 1979, 649, 673, vgl. den Hinweis bei *Steindorff*, EG-Vertrag und Privatrecht, 1996.

[54] Vgl. die detaillierte Bestandsaufnahme der Rechtsprechung von GA *Fennelly* vom 16.9.1999, Rs. C-220/98, *Estée Lauder Cosmetics/Lancaster*, Slg. 2000, I-117 Rdnr. 26.

»Aus diesem Urteil ergibt sich, dass der Gerichtshof bei der Beurteilung, ob die betreffende Bezeichnung, Marke oder Werbeaussage geeignet war, den Käufer irrezuführen, auf die *mutmaßliche Erwartung eines durchschnittlich informierten und verständigen Durchschnittsverbrauchers* (Hervorhebung HM) abgestellt hat, ohne ein Sachverständigengutachten einzuholen oder eine Verbraucherbefragung in Auftrag zu geben.«[55]

Die identische Formulierung hat der EuGH in *Sektkellerei Keßler* gebraucht[56] und zum Dreh- und Angelpunkt seiner Entscheidung *Lifting-Creme* gemacht.[57] Dieser verständige Verbraucher besitzt den Willen und die Intelligenz, sich mit den angebotenen Waren und Werbemaßnahmen kritisch und distanziert auseinander zu setzen und diese eingehend zu prüfen.[58] Er hat gewisse Kenntnisse und stellt Überlegungen an, weshalb er eigenverantwortlich, mündig und umsichtig am Marktgeschehen teilnimmt, Angebote abwägt und rationale Entscheidungen trifft. Das durch den EuGH vom Verbraucher geforderte Verhalten setzt voraus, dass dieser über eine gewisse Intelligenz, Erfahrung und kritisches Verhalten verfügt und somit auch in der Lage ist, die von ihm aufgenommenen Informationen richtig zu verstehen. In *Gut Springenheide* hat der EuGH – auf massiven Druck gerade der deutschen Gerichte – die Befugnis der Mitgliedstaaten anerkannt, nach ihrem nationalen Recht den Prozentsatz der durch eine Werbeaussage getäuschten Verbraucher empirisch zu bestimmen, der ein Verbot dieser Aussage zu rechtfertigen vermag.[59] Diese in *Lifting*[60] bestätigte Passage eröffnet den Mitgliedstaaten ein weites Ermessen, den abstrakten Gefährdungstatbestand der Irreführung, der an das normative Leitbild des durchschnittlichen Verbrauchers gebunden ist, zu korrigieren.[61]

Die deutschen Gerichte legten bislang, abhängig von dem durch die Werbung tangierten Schutzobjekt, prozentuale Werte der getäuschten, flüchtigen Verbraucher als Schwellenwerte fest. So sollte bei einer Irreführungsquote von drei bis sechs % der Verbraucher bei gesundheitsbezogener Werbung bereits die Eingriffsschwelle erreicht sein. Bei Umweltwerbung liegt die Quote bei fünf bis acht Prozent, sonstige Werbung muss etwa zehn bis 15 Prozent der Verbraucher irreführen.[62] Auch diese Rechtsprechung ist jedenfalls vordergründig einem Anpassungsprozess unterworfen. Nach neuerer Rechtsprechung muss ein erheblicher Teil der durchschnittlich informierten und verständigen Verbraucher irregeführt seien, wobei zehn bis 15 Prozent hierfür allenfalls eine Untergrenze bilden könnten.[63]

---

[55] 16.7.1998, Rs. C-210/96, *Gut Springenheide*, Slg. 1998, I-4657 Rn. 31, 32.
[56] 28.1.1999, Rs. C-303/97, Slg. 1999, I-513, Rdnr. 36.
[57] 13.1.2000, Rs. C-220/98, Slg. 2000, I-117, Rdnr. 27.
[58] *Dilly*, 90 mwN.
[59] EuGH, (Fn. 48), Rdnrn. 34–36.
[60] EuGH, 13.1.2000, Rs. C-220/98, *Lifting*, Slg. 2000, I-117 Rdnr. 31.
[61] Vgl. zur Bedeutung des Sachverständigenbeweises im deutschen Recht: *Groeschke/Kiethe*, wrp 2001, 230–238.
[62] *Baumbach/Hefermehl*, Einl. UWG Rdnr. 648.
[63] BGH GRUR 2004, 162, 163 – Mindestverzinsung, dazu, *Lettl*, GRUR 2004, 449, 458.

Der deutsche Gesetzgeber hat mit der Einführung der Erheblichkeitsschwelle in § 3 UWG die Voraussetzungen geschaffen, um über den Kontrollmaßstab neu nachzudenken.[64] Jedoch bleibt es den Gerichten nach wie vor unbenommen, den Grad der Irreführung empirisch zu ermitteln. Insoweit liegt die Konkretisierungslast bei den Gerichten. Bei allem Respekt vor der Anpassungsleistung des BGH an die Vorgaben des Gemeinschaftsrechts ist nicht klar, ob es bei einer bloßen Rhetorik bleibt, oder ob sich die materiellen Eingriffsgrenzen wirklich verschieben bzw. einander anpassen. Die dem EuGH abgetrotzte Befugnis, die ›sozialen, kulturellen und sprachlichen Eigenheiten‹ bei der Feststellung der Irreführung zu berücksichtigen, bildet jedenfalls ein formidables Einfallstor zur Verteidigung des ›hohen Schutzstandards‹ des deutschen Lauterkeitsrechts. Eine Anpassung an die Vorgaben des EG-Rechts verlangt weitere Schritte, auch wenn der Richtlinienentwurf zu den unlauteren Geschäftspraktiken in seiner derzeit geltenden Fassung davon absieht, das Verbraucherleitbild *expressis verbis* zu kodifizieren.

2. Erzwungene Liberalisierung der verkaufsfördernden Maßnahmen
Verkaufsfördernde Maßnahmen stehen im Brennpunkt rechtlicher Auseinandersetzungen. Bekanntlich hat der deutsche Gesetzgeber das Rabattgesetz und die Zugabeverordnung ersatzlos abgeschafft.[65] Auch diese Entscheidung erfolgte nicht freiwillig, wie eine knappe Rekonstruktion der Ereignisse offenbart. Während in Bezug auf Rabatte bzw. Preisgegenüberstellungen eine deutliche Liberalisierung eingetreten ist, erweist sich die Rechtslage in Bezug auf die Koppelungsgeschäfte als komplizierter. Hier bahnen sich neue Auseinandersetzungen zwischen EG-Recht und reformiertem UWG an. Wie üblich spielt der EuGH in der Fortbildung des Gemeinschaftsrechts eine Schlüsselrolle.

Vor den EuGH ist eine Reihe von recht verschiedenen Fallkonstellationen gelangt. Der jeweilige Hintergrund ergibt sich aus den französischen Rabattregeln für Bücher bzw. deutsche (ehemalige) Verbote der Preisgegenüberstellung. Die wenigen Entscheidungen reichen nicht aus, um eine Linie zu definieren. Auffällig ist gleichwohl, dass der EuGH nationale Rabattregelungen und Preisvergleichsverbote relativ kritisch betrachtet.

Nach langen Diskussionen hat die Kommission die Preisbindung für Bücher hingenommen.[66] Daraus ergibt sich ein Rabattverbot auf Bücher. Im Fall *Leclerc/Au Blé vert*[67] hatte der EuGH über die Vereinbarkeit des französischen Gesetzes, wonach der Verleger für jedes neue Buch einen Preis festzulegen hat und der Buchhändler das Buch für nicht weniger als 95 Prozent dieses Preises verkaufen darf, mit Art. 28 EG zu befinden. In Anwendung seiner Rechtsprechung zu nationalen

---

[64] Vgl. zur Diskussion, *Sack*, wrp 2004, 30; *Heermann*, GRUR 2004, 94.
[65] Siehe zur Problematik in rechtsvergleichender Sicht, Bodewig/Henning-Bodewig, wrp 2000, 1341.
[66] Vgl. *Huppertz*, GRUR 1998, 988.
[67] EuGH, 10.01.1985, Rs. 229/83, *Leclerc/Au Blé vert*, Slg. 1985, 1.

Preisregelungen sah der EuGH einen Verstoß gegen Art. 28 EG, falls das Gesetz auf aus anderen Mitgliedstaaten importierte Bücher angewendet würde.

In *GB-INNO*[68] und *Yves Rocher*[69] sollte der EuGH über die Vereinbarkeit von derartigen Preisgegenüberstellungen mit Art. 28 EG entscheiden. In den beiden prä-*Keck* Urteilen vertrat der EuGH die Rechtsauffassung, dass die Anwendung eines nationalen Verbots des Preisvergleichs auf grenzüberschreitende Tatbestände ein Hindernis für den freien Warenverkehr darstelle und dieses Hindernis nicht im wirtschaftlichen Interesse der Verbraucher oder im Rahmen der Lauterkeit des Handelsverkehrs gerechtfertigt werden könne. Nach *Keck* könnten derartige Regelungen als Verkaufsmodalitäten angesehen werden, die sich der Beurteilung durch das Gemeinschaftsrecht prinzipiell entziehen. Auf der Grundlage der Entscheidung *Familiapress* lässt sich immerhin argumentieren, dass die Anwendung Regelungen über die Bekanntgabe von Preisnachlässen auf Anzeigen in Zeitschriften, welche in einem anderen Mitgliedstaat verlegt und auf nationalem Gebiet verkauft werden, zu einer Beschränkung des Inhaltes der Magazine führen würde und demnach einer Prüfung der immanenten Schranken erfordern.

Die Reform des deutschen Rechts folgt den Windungen des Gemeinschaftsrechts punktgenau. *Yves Rocher* veranlasste den deutschen Gesetzgeber zur Streichung des alten § 6 e) UWG. Selbst ein Entwurf zur ersatzlosen Streichung des Rabattgesetzes und der Zugabeverordnung befand sich seinerzeit in Vorbereitung. Doch nachdem der EuGH in *Keck* eine Kehrtwendung vollzogen hatte, bedurfte es erst der Verabschiedung der Richtlinie 2000/31/EG e-Commerce, bevor der deutsche Gesetzgeber sich im Jahre 2001[70] endlich zu dem längst fälligen Schritt entschließen konnte. Der BGH bemüht sich nach der Abschaffung des Rabattgesetzes und der Zugabeverordnung um eine differenzierte Betrachtung, die jedoch noch keine einheitliche Linie erkennen lässt.[71] Die Kommentierung des insoweit revidierten alten UWG war von dem Bemühen getragen, die bisherige Rechtsprechung zur Beurteilung von Rabatten und Zugaben aufrechtzuerhalten. Der Kernsatz, der die Kommentierung von Köhler/Piper anleitet, lautet[72]: »Die Aufhebung des Rabattgesetzes und der Zugabenverordnung ist daher für die Anwendung und Auslegung des Lauterkeitsrechts (ebenso wie für das Kartellrecht) irrelevant.« Lediglich in Bezug auf die Folgen wollen Köhler/Piper eine differenzierte Betrachtung gelten lassen. Das reformierte UWG hat nun auch die Regelungen über Schlussverkäufe ersatzlos gestrichen. Dagegen findet sich in § 4 Nr. 7 UWG ein grundsätzliches Verbot der Koppelung des Warenabsatzes mit Preisausschreiben und Gewinnspielen, das nur insoweit eingeschränkt ist, als es um Preisausschreiben geht, die Bestandteile redaktioneller Beiträge

---

[68] EuGH, 7.3.1990, Rs. C-362/88, *GB-INNO*, Slg. 1990, I-667.
[69] EuGH, 18.5.1993, Rs. C-126/91, *Schutzverband gegen Unwesen in der Wirtschaft e.V./Yves Rocher*, Slg. 1993, I-2361.
[70] BGBl. I S. 1663.
[71] Vgl. BGH, 13.6.2002 – Kopplungsangebot I, wrp 2002, 1256 einerseits und BGH, 13.6.2002 – Kopplungsangebot II, wrp 2002, 1259.
[72] Kommentar zum UWG, 3. Auflage, 2002, § 1 Rdnr. 270.

der Presse oder Programmteil des Rundfunks sind.[73] Wie sich die Rechtsprechung entwickeln wird, ist schwer vorherzusehen. Umso bedeutsamer ist der Blick auf die angestrebte Regelung im Entwurf einer Verordnung über Verkaufsfördernde Maßnahmen, der neues Ungemach befürchten lässt. Denn die Kommission strebt eine sehr weitgehende Liberalisierung an, gekoppelt an Information und Transparenz.

Der VO-E setzt allein auf Markttransparenz und Information als geeignete Mittel, um Missbräuchen entgegenzuwirken. Rabatte werden vollständig freigegeben, mit Ausnahme solcher für Bücher. Preisnachlässe, vor allem Sonderverkaufsveranstaltungen jedwelcher Art, dürften überdies nicht genehmigungspflichtig gemacht werden. Die Begründung verweist auf die Unverhältnismäßigkeit jeder anderen Regelung, solange nur bei Rabatten angezeigt wird, wenn der Verkauf unter Einstandspreis erfolgt.[74] Etwas detaillierter setzt sich der VO-E mit Rabatten im Vorfeld von Saisonschlussverkäufen und der weit verbreiteten Vorabgenehmigung von Verkaufsförderaktionen auseinander.[75] Die Kommission sieht die Gefahr des Missbrauchs und der Täuschung der Verbraucher, meint aber entgegen der vom Europaparlament geäußerten Vorbehalten, auch insoweit mit Transparenzgeboten auskommen zu können.[76]

Die rechtliche Behandlung sog. Sweepstakes ist ein verbraucherpolitischer Dauerbrenner. Der VO-E wartet auch insoweit mit einer radikalen Lösung auf. Sweepstakes sollen erlaubt sein, unabhängig davon, ob die Teilnahme kostenlos oder mit einer Verpflichtung zum vorherigen Kauf verbunden ist.[77] Kopplungsgeschäfte sollen entgegen der Rechtslage in den Mitgliedstaaten legalisiert werden.[78] Der VO-E hält Verbote und Beschränkungen für unverhältnismäßig, solange das Verhältnis Einsatz/Gewinnchance aufgrund geeigneter Transparenzvorschriften leicht zu ermitteln ist. Der Anbieter von Gewinnspielen hätte nur die im Anhang I unter 4. niedergelegten Informationspflichten zu berücksichtigen. Auf Druck des Europaparlaments hat die Kommission den Umfang der dem Verbraucher zu übermittelnden Informationen reduziert.[79] Der VO-E setzt gleichwohl auf den aufgeklärten Verbraucher. Insofern konkretisiert die VO die in Art. 6 Richtlinie 2000/31/EG für den Bereich des E-Commerce niedergelegten Mindestanforderungen. Die Realität gerade bei Gewinnspielen wird jedoch kaum vom Leitbild des aufgeklärten Verbrauchers geprägt.[80]

---

[73] Vgl. *Köhler*, NJW 2004, 2123.
[74] KOM (2001) 546 endg., 2.10.2001, 16 mit Bezug auf Rabatte.
[75] KOM (2001) 546 endg., 2.10.2001, 17.
[76] An diesem Ansatz hält die Kommission auch in dem geänderten Vorschlag fest, KOM (2002) 585 endg., 25.10.2002.
[77] KOM (2001) 546 endg., 2.10.2001, Art. 2 (i) enthält eine Legaldefinition von Gewinnspielen.
[78] KOM (2001) 546 endg., 2.10.2001, 14.
[79] KOM (2002) 585 endg., 25.10.2002, 16.
[80] *Rößler*, VuR, 1994, 209.

V. Offener Konflikt

Ungelöst ist der Streit um den Stellenwert des Informationsparadigmas selbst. Der deutsche Gesetzgeber hat sich gegen eine Informationsverpflichtung entschieden, jedoch in § 5 Abs. 2 UWG ein Verschweigungsverbot eingeführt, das bereits jetzt in der Literatur als Ausdruck eines verallgemeinerungsfähigen Prinzips verstanden wird.[81] Wie sich die Dinge in der Gemeinschaft entwickeln werden, ist derzeit noch nicht mit letzter Gewissheit absehbar. Allerdings scheint eine Kodifizierung im Sinne der skandinavischen Tradition[82] wenig wahrscheinlich. Auffällig ist die präzisere Fassung des Art. 6 in der Fassung vom 25.5.2004 gegenüber dem ursprünglichen Entwurf. Die konzeptionellen Unterschiede zwischen Gemeinschaftsrecht und nationalem Recht treten hier deutlicher hervor.

1. Stellenwert der Information

»*§ 3 UWG enthält ein Irreführungsverbot, kein Informationsgebot.*« Verständlich wird dieses *obiter dictum* des BGH erst, wenn man sich ins Gedächtnis ruft, dass die Rechtsprechung zum Bestehen oder Nichtbestehen einer Aufklärungspflicht ihren Ausgangspunkt in der Frage findet, ob im Verschweigen einer Tatsache eine Irreführung liegt. Nur wenn der verschwiegene Umstand für den Kaufentschluss des Verbrauchers von Bedeutung ist, nimmt der BGH das Bestehen einer Aufklärungspflicht an.[83] Genau diesen Ausgangspunkt hat der Gesetzgeber kodifiziert. Danach sind bei der Beurteilung, ob das Verschweigen einer Tatsache irreführend ist, insbesondere deren Bedeutung für die Entscheidung zum Vertragsschluss nach der Verkehrsauffassung sowie die Eignung des Verschweigens zur Beeinflussung der Entscheidung zu berücksichtigen.

Der Europäische Gerichtshof hatte bislang keine Gelegenheit, zu der Frage Stellung zu nehmen, ob und ggf. unter welchen Voraussetzungen der autonome gemeinschaftsrechtliche Irreführungsbegriff ein »Informationsgebot« begründet. Immerhin lassen sich aus der Rechtsprechung des EuGH vier Bausteine herauskristallisieren, die sich auf das Verhältnis von Information und Aufklärung beziehen:[84]

- Der aufgeklärte Verbraucher muss sich fehlende Informationen selbst beschaffen – *Nissan*[85] und *Lifting*.[86]
- Wahre Informationen dürfen dem aufgeklärten Verbraucher nicht vorenthalten werden. Sie können ihn nicht in die Irre führen – *GB-Inno*.[87]

---

[81] *Köhler*, NJW 2004, 2124.
[82] Dazu *Keßler/Micklitz* (Fn. 4), S. 56 ff.
[83] Vgl. *Baumbach/Hefermehl*, § 3 Rdnr. 48.
[84] Vgl. die Analyse und Bewertung der einschlägigen Rechtsprechung, von *Micklitz*, wrp 1995, 1014.
[85] In diese Richtung weisen die Überlegungen von *Fezer*, wrp 1995, 671, 676.
[86] EuGH, 13.1.2000, Rs. C-220/98, Slg. 2000, I-117.
[87] 7.3.1990, Rs. 362/88, Slg. 1990, I-667, Nwe. bei *Ehricke*, WuW 1994, 108.

- Objektiv falsche Informationen muss der aufgeklärte Verbraucher als solche erkennen – *Mars*.[88]
- Lässt sich aus der Rechtsprechung folgern, dass der EuGH das *Irreführungsverbot* zu einem *Informationsgebot* verdichtet?[89]

Ein *Prinzip der Wahrheit von Werbung* lässt sich aus *GB-INNO*[90] nicht herleiten. Auf die Grenzen des Wahrheitsgebotes in der Rechtsprechung hat *Kisseler*[91] unter Berufung auf *Jean Jacques*[92] und *Goldei*[93] immer wieder hingewiesen. *CMC-Motorradcenter*[94] legt jedoch nahe, dem Gewerbetreibenden die Pflicht aufzuerlegen, den Verbraucher über die ihm nach Gemeinschaftsrecht zustehenden Rechte (in concreto Garantieansprüche) zu informieren. Tut der Gewerbetreibende das nicht, führt er den Verbraucher in die Irre.[95] Über das Bestehen einer gemeinschaftsrechtlich begründeten Aufklärungspflicht entscheiden nicht die für den Kaufentschluss maßgeblichen Umstände, sondern die dem Verbraucher bei der Verwirklichung des Binnenmarktes zugedachten Rechte. An der Nahtstelle zwischen Irreführungsverbot und Informationsgebot macht sich der Unterschied zwischen dem deutschen empirischen Leitbild und dem europäischen normativen Leitbild bemerkbar. Ein normativ bestimmter, aufgeklärter Verbraucher kann die ihm zugedachte Rolle als Vehikel zur Realisierung des Binnenmarktes nur erfüllen, wenn ihm die Informationen auch zur Verfügung stehen, die er zur Ausfüllung seiner Rolle benötigt, wenn er ein *Recht auf Aufklärung* hat.[96] Die Aufklärungspflicht des Werbetreibenden ist nur die Kehrseite des normativen Verbraucherleitbildes.

Art. 153 EG eröffnet die Möglichkeit, die Rechtsprechung des EuGH fortzuentwickeln und die Existenz eines Informationsgebotes *de lege lata* zu begründen. Art. 153 EG spricht dem Verbraucher ein subjektives Recht auf Information zu, dessen Inhalt in sekundärrechtlichen gemeinschaftsrechtlichen Regeln konkretisiert wird. Ein Verstoß gegen derartige Informationspflichten, soweit sie denn in den Richtlinie formuliert sind, ist als Irreführung im Sinne der Richtlinie 845/450/EWG zu qualifizieren. Der VO-E zu den verkaufsfördernden Maßnahmen würde den Kanon der Informationspflichten ganz erheblich erweitern.

---

[88] *Hoffmann*, Die Welt nach »Keck« – oder die Artisten in der Zirkuskuppel: ratlos – Eine Betrachtung zu Art. 30 EUV und dem europäischen Verbraucherrecht, in: Mayer (Hrsg.), Konsumentenpolitisches Jahrbuch, Österreich, 1994–1995, Verbraucherrecht, Verbraucherpolitik, Band 15, 131, 144.
[89] *Fezer*, wrp 1995, 671, 676.
[90] EuGH, 7.3.1990, Rs. 362/88, Slg. 1990, I-667, Nwe. bei *Ebricke*, WuW 1994, 108.
[91] Das deutsche Wettbewerbsrecht im Binnenmarkt, 12.
[92] EuGH, 13.12.1989, Rs. C-204/88, Slg. 1989, 4361.
[93] EuGH, 15.1.1991, Rs. 372/89, Slg. 1991, I-43 = EuZW 1991, 154.
[94] EuGH, 13.10.1993, Slg. 1993, I-5009 = EuZW 1993, 743 = JZ 1994, 623 mit Anm. *Fezer*, in der der EuGH allerdings die Entscheidung vermieden hat, weil er das Gemeinschaftsrecht auf Ansprüche aus culpa in contrahendo nicht für anwendbar erklärte.
[95] So die Lesart der *CMC-Motorradcenter*-Entscheidung von *Reich*, EuZW 1995, 77.
[96] In diese Richtung weisen die Überlegungen von *Fezer*, wrp 1995, 671, 676.

Selbst dann lässt sich nicht von einem generellen Informationsgebot sprechen. Das Augenmerk richtet sich einmal mehr auf den geplanten Entwurf zu einer Richtlinie über unlautere Geschäftspraktiken. Als irreführend sollte gem. Art. 6 der ursprünglichen Fassung eine Geschäftspraxis gelten, »*wenn sie in irgendeiner Weise, einschließlich sämtlicher Umstände ihrer Anwendung den Durchschnittsverbraucher dadurch tatsächlich oder voraussichtlich zu einer geschäftlichen Entscheidung veranlasst, die er ansonsten nicht getroffen hätte, dass sie ihn täuscht oder zu täuschen geeignet ist*«. Während insoweit der Informationsanspruch noch relativ diffus bleibt, tritt er in der revidierten Fassung sehr viel deutlicher hervor, weil über obige Formulierung hinaus der Zusatz eingefügt wurde: »*Eine Geschäftspraxis gilt als irreführend, wenn sie falsche Angaben enthält und somit unaufrichtig ist.*« Erst dann geht es weiter mit »*oder wenn sie in irgendeiner Weise* ...«

Gemäß Art. 7 Abs. 1 gilt auch eine Geschäftspraktik als irreführend, »*bei der im konkreten Fall unter Würdigung aller tatsächlichen Umstände und der Beschränkungen des Kommunikationsmediums wesentliche Informationen vorenthalten werden, die der durchschnittliche Verbraucher je nach den Umständen benötigt, um eine informierte Geschäftsentscheidung treffen zu können* ...«. Dies gilt auch, »*wenn ein Gewerbetreibender derartige wesentliche Informationen gemäß Absatz 1 verbirgt, oder auf unklare, unverständliche, zweideutige Weise oder nicht rechtzeitig bereitstellt oder wenn er den kommerziellen Zweck der Geschäftspraxis nicht macht*« (Art. 7 Abs. 2). Die als lex specialis konzipierte Sonderregelung des Art. 7 Abs. 3 S. 1 enthält »*im Falle der Aufforderung zur Abgabe eines Angebots*« eine Sonderregelung, welche die Offenlegung von detailliert aufgelisteten Informationen gebietet, sofern sich diese nicht unmittelbar aus den Umständen ergeben.

Abweichend vom reformierten UWG liegt der Richtlinie somit durchgängig ein am Paradigma hinreichender Marktinformation orientiertes Konzept zugrunde, was in den Stellungnahmen zum Teil auch gesehen wird.[97] Zwar enthält die Richtlinie – entgegen insbesondere von Verbraucherseite geäußerten Forderungen – keinen umfassenden Katalog von Informationsgeboten, doch kann sich eine Informationspflicht aus dem Verbot eines »irreführenden Unterlassens« ergeben.

2. Ausbau des Rechtsschutzes

Das neue UWG hat den Verbrauchern individuelle Vertragslösungsrechte und auch Schadensersatzansprüche versagt. Bemerkenswerterweise hat sich der Gesetzgeber sogar dazu verstiegen, dem reformierten UWG den Schutzzweckcharakter im Sinne des § 823 Abs. 2 BGB abzusprechen, um so die bisherige Rechtsprechung zu kodifizieren.

---

[97] Die bislang veröffentlichten Stellungnahmen zum Richtlinienentwurf konnten die Neufassung der Art. 6 und 7 noch nicht berücksichtigen, vgl. zur Fassung vom Juni 2003, *Veelken*, wrp 2004, 1, 18 ff; *Apostoplopoulos*, wrp 2004, 841, 854, *Bodewig*, GRUR 2004, 183, 191.

Ein Anspruch aus § 823 Abs. 2 BGB besteht, wenn eine Vorschrift verletzt ist, die den Schutz eines anderen bezweckt. Die Schutzgesetzeigenschaft der §§ 1 und 3 UWG wird seit jeher kontrovers diskutiert. Bei Gelegenheit der Klage eines Endabnehmers gegen einen Verkäufer von Wasserleitungsrohren, der die Qualität der verkauften Rohre mit Prüfzeichen beworben hatte, kam der BGH zu dem Ergebnis, dass bei einem schuldhaften Verstoß gegen § 3 UWG die Sonderregelung des § 13 Abs. 2 UWG die Anwendung von § 823 Abs. 2 BGB ausschließt. Im Leitsatz hielt der BGH fest, dass § 3 UWG kein Schutzgesetz im Sinne von § 823 Abs. 2 BGB ist.[98] An dieser Rechtsprechung hat der BGH bislang festgehalten.[99]

Die eine Literaturansicht verneint – konform mit dem BGH – die Eigenschaft der UWG-Normen als Schutzgesetze für den Verbraucher im Sinne von § 823 Abs. 2 BGB.[100] Die gegenteilige Ansicht bejaht den Schutzgesetzcharakter der §§ 1 und 3 UWG zugunsten der Verbraucher unter Hinweis auf den Funktionswandel des UWG.[101] Der Verbraucherschutz sei zu einem eigenständigen Anliegen des Wettbewerbsrechts geworden. Die §§ 1 und 3 UWG bezweckten nicht nur den Schutz der Verbraucherschaft in ihrer Gesamtheit, sondern auch den Schutz des einzelnen Verbrauchers. Der Streit setzt sich nach der Reform des UWG nahtlos fort. Dabei scheuen die Gegner vor befremdlichen argumentativen Verrenkungen nicht zurück. Das reformierte UWG beinhalte trotz der Verankerung des Verbraucherschutzes keinen Paradigmenwechsel, weshalb ein Schadensersatzanspruch aus § 823 Abs. 2 BGB entfalle.[102] Mit guten Gründen lässt sich die gegenteilige Ansicht vertreten.[103]

Auch das Gemeinschaftsrecht hilft in Bezug auf eine individuelle Vertragslösungsmöglichkeit *de lege ferenda nicht* weiter. Entgegen anders lautenden Ankündigungen hat die Kommission Überlegungen der DG SANCO, zugunsten individueller Verbraucher einen Schadensersatzanspruch einzuführen, nicht aufgegriffen.[104] Die Artt. 11 und 12 des Vorschlages entsprechen inhaltlich in umgekehrter Reihenfolge den Artt. 4 und 6 der Richtlinie 84/450/EWG und beschränken sich auf die Regelung der Unterlassungsklage. Die Kommission ist jedoch der Frage ausgewichen, ob die Mitgliedstaaten *verpflichtet* sind, als Minimalvorgabe eine Verbandsklage zugunsten von Verbraucherorganisationen bzw. gewerblichen Verbänden einzuführen.[105] Praktisch bedeutsamer könnte Art. 13 werden, der die vom EuGH geprägte Formel wiederholt, dass die Mitgliedstaaten geeignete Sanktionen ergreifen müssen, die wirksam, verhältnismäßig und abschreckend zu sein hätten. Damit trägt

---

[98] BGH, NJW 1974, 1503, 1505 – *Prüfzeichen*.
[99] Z.B. BGH, NJW 1983, 2493, 2494.
[100] Vgl. die diesbezüglichen Ausführungen von *Scherer*, wrp 1992, 607.
[101] *Reich*, Markt und Recht, 1976, 204; vgl. auch die diesbezüglichen Ausführungen von *Sack*, NJW 1975, 1303, 1305.
[102] *Lettl*, GRUR 2004, 449; ähnlich *Köhler*, NJW 2004, 2125 Fn. 54.
[103] *Sack*, GRUR 2004, 625, 629-630.
[104] KOM (2002) 289 endg. 18, näher zu den Vorarbeiten der Kommission *Keßler/Micklitz*, (Fn. 4), 115 ff.
[105] Tatsächlich gehört die Unterlassungsklage der Verbraucherverbände als Mindestschutzverpflichtung zum *acquis communautaire*, vgl. *Micklitz*, in: Reich/Micklitz (Fn. 13), Rdnr. 30.11.

die Kommission die Rechtsprechung des EuGHs, die im Wesentlichen im Arbeits- und Sozialrecht entwickelt wurde, in zentrale Bereiche des Wirtschaftsrechts hinein. Das gesamte Rechtsschutzinstrumentarium des Richtlinienvorschlages bleibt hinter der Notwendigkeit des Auf- und Ausbaus eines effektiven Rechtsschutzsystems zurück. Wirklich innovativ an der UWG-Reform ist allein der Gewinnabschöpfungsanspruch, dessen Wirkungen kontrovers beurteilt werden. Die einen halten ihn schlicht für verfassungswidrig,[106] die anderen für einen bunten Papiertiger.[107] Wie dem auch sein wird, der deutsche Gesetzgeber hat jedenfalls die ihm vom Gemeinschaftsrecht übertragenen Aufgabe, für einen effektiven Rechtsschutz vor irreführender und möglicherweise bald unlauterer Werbung zu sorgen, nur unzureichend wahrgenommen. Insoweit bedarf es eines geeigneten Vorlagefalles, um die Prüfzeichen-Entscheidung des BGH auf seine Vereinbarkeit mit dem Gemeinschaftsrecht testen zu lassen. Theoretisch wäre selbst dieser Schritt nicht notwendig, da der BGH seine eigene Rechtsprechung angesichts des neu verankerten Verbraucherschutzes auch selbst korrigieren könnte.

VI. Wie steht es mit der Neuordnung? – Zwei Sichtweisen
1. Warten auf Europa

Köhler, der mit Bornkamm den Baumbach-Hefermehl übernommen hat, schreibt wohl exemplarisch für die in Deutschland vorherrschende Denkweise:[108]

Der Richtlinienvorschlag lässt es den Mitgliedstaaten unbenommen, wettbewerbsrechtliche Regelungen im Verhältnis der Unternehmen untereinander B2B zu treffen. Es bleibt daher nur die Frage, ob und inwieweit eine Anpassung des deutschen UWG im Hinblick auf den Verbraucherschutz erforderlich ist. Große sachliche Unterschiede sind allerdings nicht erkennbar. Die Regelung über irreführende Geschäftspraktiken ist durch die §§ 5, 4 Nr. 11 UWG, die Regelung über aggressive Geschäftspraktiken durch § 4 Nr. 1 und 2 UWG weitgehend abgedeckt. Die belästigende Werbung (§ 7 UWG) ist ohnehin im Richtlinienvorschlag nicht angesprochen. Allenfalls sind daher redaktionelle Anpassungen ohne Substanzänderungen erforderlich.

Sicherlich lassen sich bei all jenen, die sich dezidiert mit den beiden Vorhaben der Europäischen Kommission beschäftigen, mehr oder weniger deutliche Zwischentöne vernehmen. Ausgeprägt sind hingegen die Bemühungen, die noch nicht kodifizierten gemeinschaftsrechtlichen Regeln schon jetzt sozusagen prospektiv in das neue UWG hineinzuinterpretieren. Die konzeptionellen Unterschiede der beiden Regelungen werden dabei vernachlässigt.

---

[106] *Sack*, wrp 2003, 546, 553, *ders.* BB 2003, 1073, 1080.
[107] *Stadler/Micklitz*, wrp 2003, 559 ff.
[108] *Köhler*, NJW 2004, 2127.

2. Oder selbst handeln?

Die Chance zum Handeln ist erst einmal vertan. Die Verabschiedung des reformierten UWG war ein mühseliger Prozess, der trotz intensiver Diskussion im Vorfeld nicht einvernehmlich über die politische Bühne zu bringen war. Die beiden Zankäpfel bildete einerseits ein allgemeines Vertragslösungsrecht, andererseits der nunmehr Gesetz gewordene Gewinnabschöpfungsanspruch.[109] Über die Rolle und die Funktion des Lauterkeitsrechts als Mittel der Marktkommunikation fand eine Diskussion nicht wirklich statt. Diese muss wohl nun nachgeholt werden, denn die Verabschiedung der beiden Regelungsvorhaben der Kommission steht unmittelbar bevor. Deshalb wäre es angesagt, schon jetzt über die Reform der Reform zu diskutieren, über die Reichweite des Informationsparadigmas und den Aufbau eines wirklich effektiven Rechtsschutzsystems.

---

[109] *Sosnitza*, GRUR 2003, 739, 744-745.

Brun-Otto Bryde

Demokratie und Global Governance – Regieren jenseits des Nationalstaates

1. Die Zukunft des Völkerrechtsystems

Die Zukunft der internationalen Rechtsordnung steht ganz dringend auf der Tagesordnung, trotz oder vielmehr wegen der im Irak-Krieg erneut manifestierten Grenzen der heutigen internationalen rechtlichen Organisation. Dieser Krieg bedeutete auch für meine eigenen völkerrechtspolitischen Überlegungen eine erhebliche Herausforderung. Im Juli 2002 habe ich auf einem Geburtstagskolloquium für Erhard Denninger einen Vortrag über die »Konstitutionalisierung des Völkerrechts« gehalten. Obwohl dieser Vortrag nach meiner Vorstellung lediglich die Beschreibung tatsächlicher Entwicklungen war, muss ich zugeben, dass er in Tonfall und Tendenz die Entwicklung des Völkerrechts positiv und hoffnungsvoll bewertete. Der Vortrag wurde dann, wie im akademischen Leben üblich, zur Veröffentlichung vorgesehen und an eine Vierteljahreszeitschrift übersandt. Während er dort ruhte und der Veröffentlichung im Frühjahr 2003 harrte,[1] erfolgte der völkerrechtswidrige Angriff auf den Irak. Sie können sich vorstellen, dass ich der Veröffentlichung eines für die Zukunft des Völkerrechts eher optimistischen Beitrags unter diesen Umständen etwas beklommen entgegensah, und tatsächlich wurde ich auch prompt gefragt »Würden Sie das heute noch immer schreiben?« Nach dem Irak-Krieg hatten ja eher Beiträge mit Titeln wie »Ist das Völkerrecht tot?« Konjunktur.

Nach gründlicher Gewissenserforschung bin ich zu der Überzeugung gekommen, dass das Konzept einer Völkerrechtsordnung auf dem Weg zu einem demokratischen Konstitutionalismus sowohl als Beschreibung bereits nachweisbarer Tendenzen wie als normatives Programm nach wie vor richtig ist. Das mag man für zu blauäugig optimistisch halten. Aber die Alternative Optimismus oder Pessimismus ist ganz uninteressant: Die objektiven Notwendigkeiten einer globalisierten Weltgesellschaft lassen gar keine andere Wahl, als an der weiteren Verbesserung der Qualität der rechtlichen Verfassung der internationalen Beziehungen zu arbeiten. Mit dem Widerspruch, dass dabei häufig das Notwendige gleichzeitig als utopisch erscheint, müssen wir leben.

2. Herausforderung

Der Ausgangsbefund ist sehr einfach. Zwar kann man mit Recht darauf hinweisen, dass das, was wir heute Globalisierung nennen, bereits im 15. Jahrhundert begonnen hat. Aber das ändert nichts an der Tatsache, dass die Weltgesellschaft unserer Zeit die Menschen viel fundamentaler von wirt-

---

[1] B.-O. Bryde, Konstitutionalisierung des Völkerrechts und Internationalisierung des Verfassungsrechts, Staat 42 (2003), S. 61–76.

schaftlichen und sozialen Prozessen überall auf der Welt abhängig macht als alle früheren Epochen. Kein einziges gesellschaftliches Problem lässt sich heute noch in den Grenzen des Nationalstaates lösen. Die Vorstellung von einer nationalstaatlichen Schicksalsgemeinschaft, die lediglich der Absicherung nach außen, der Regulierung der Koexistenz mit anderen national geschlossenen Schicksalsgemeinschaften bedarf, ist unwiederbringlich überholt.

Die innere Sicherheit ist durch internationalen Terrorismus und das internationale organisierte Verbrechen weltweit gefährdet, in der Umweltpolitik haben weder Luft noch Wasser Grenzen, und Kulturpolitik versucht Nischen gegenüber globalen Medienmächten zu verteidigen. Dabei ist das für diesen Sachverhalt oft verwandte Bild McLuhans vom »global village«[2] viel zu idyllisch: Wir leben nicht in einem globalen Dorf, sondern eher in einer globalen Großstadt, und zwar einer Großstadt, wie wir sie aus der Dritten Welt kennen, mit wenigen schwer bewachten und trotzdem nicht sicheren Villenvierteln, einigen Mittelklassestadtteilen und vielen Armenvierteln, slums und no-go-areas.

Besonders groß ist der Regelungsbedarf aber auf dem Gebiet, das Hauptfeld der Auseinandersetzung um Globalisierung ist, der globalisierten Wirtschaft. Hauptangriffsziel der Globalisierungskritiker ist ja nicht das Faktum der Globalisierung als solches, sondern seine fehlende rechtliche Kontrolle, die nur eine internationalrechtliche sein kann. ATTAC war im Ausgangspunkt eine völkerrechtspolitische Bewegung, die Abkürzung – wegen der schicken semantischen Assoziationen des Akronyms fast vergessen – steht für »association pour une taxation sur les transactions financières pour l'aide aux citoyens«, (also Vereinigung zur Einführung der Tobin-Steuer).

Wenn die Wirtschaft sich durch Globalisierung staatlicher Regulierung entzieht, entsteht – anders als vielfach angenommen – kein marktwirtschaftliches Paradies. Ohne Rechtsrahmen haben wir keinen Markt im Sinne von Adam Smith, sondern einen Kampf aller gegen alle im Sinne von Thomas Hobbes, in dem sich der Stärkere gegen den Schwächeren durchsetzt. Und tatsächlich lassen sich viele Erscheinungen der heutigen Weltwirtschaftsunordnung viel besser als Ergebnisse von Machtgefällen denn als Ergebnisse von Marktprozessen erklären. Das gilt im Großen, z.B. hinsichtlich der Marktposition Rohstoff exportierender Entwicklungsländer, wie im Kleinen: Einen relevanten Markt für gentechnisch veränderte Lebensmittel gibt es z.B. in Europa nicht, falls sie sich trotz massiver Ablehnung durch den mündigen Konsumbürger durchsetzen, dann nur, wenn sie dem Verbraucher nicht durch den Markt, sondern durch politische Macht aufgedrängt werden, z.B. weil eine Kennzeichnung verhindert wird, die informiertes Verbraucherverhalten erlauben würde.

Die Herausforderung der Globalisierung hat für die internationale Rechtsordnung eine Reihe von Konsequenzen.

Zunehmend muss die Regulierung komplexer Sachverhalte auf übernationaler Ebene erfolgen. Wir brauchen daher ganz schlicht immer mehr und immer anspruchsvolleres internationales Recht. Das klassische Völkerrecht war demgegenüber primitiv und bescheiden. Es wandte sich nur

---

[2] M. McLuhan, War and Peace in the Global Village, New York 1968.

an eine Hand voll Rechtssubjekte (noch bei Gründung der UN waren es nur ca. 50 Staaten), regelte im Kern deren diplomatische Beziehungen und verlangte von einem rechtstreuen Akteur nicht besonders viel. Ein Völkerrecht, das sogar den Krieg erlaubte und den Staaten völlige Freiheit zur Regelung ihrer inneren Angelegenheiten ließ, war nicht leicht zu brechen. Deshalb kam es ohne ausdifferenzierte Rechtsetzungs- und Rechtsdurchsetzungsstrukturen aus (schlichter ausgedrückt: ohne Gesetzgeber und ohne Polizei). Eine Rechtsordnung hingegen, die sich nicht mehr darauf beschränken kann, die Koexistenz einer übersichtlichen Zahl von Akteuren auf wenigen überschaubaren Handlungsfeldern zu regeln, sondern eine nicht mehr überschaubare komplexe Masse von Regelungen für alle Lebensbereiche bereithält, muss auch ein angemessenes Maß an innerer Differenzierung entwickeln.

Sie muss z.B. zwischen grundlegenden verfassungsrechtlichen Normen und einfachem Recht und zwischen materiellen Normen und Prozessrecht unterscheiden. Je inhaltlich anspruchsvoller internationales Recht wird, desto höher sind auch die Anforderungen an die Leistungsfähigkeit seiner Rechtsetzungs- und Rechtdurchsetzungsstrukturen. Darauf bezieht sich der vielleicht ein wenig zu sehr zum Modebegriff gewordene Begriff des »global governance« in meinem Titel: Es geht nicht mehr um ein zwischenstaatliches Vertragsgeflecht. Nötig ist vielmehr der Aufbau transnationaler Regierungssysteme. Diesen Prozess kann man mit dem Begriff der Konstitutionalisierung erfassen. Am weitesten ist dieser Prozess in Europa fortgeschritten, mit oder ohne neue Verfassung.

Damit entsteht aber, und dieses Thema soll im Mittelpunkt meines heutigen Vortrags stehen, ein Legitimationsproblem.[3] Wenn wichtige, für viele Menschen auf der Erde die wichtigsten Entscheidungen über ihr Leben außerhalb ihrer Grenzen getroffen werden (z.B. für die Bewohner Argentiniens durch den Internationalen Währungsfonds), steigen die Anforderungen an die Legitimität solcher internationalen Regierungssysteme. Es müssen Formen gefunden werden, in denen die Interessen der Menschen auf internationaler Ebene repräsentiert werden, mit anderen Worten, das internationale Recht muss demokratisiert werden, es muss vom Volke ausgehen.

3. Möglichkeit und Notwendigkeit transnationaler Demokratie
a) Die no-Demos-These

Über das Thema der Demokratisierung der internationalen Ordnung gibt es eine lebhafte internationale Diskussion. Will man sich in Deutschland an ihr beteiligen, müssen allerdings erst einmal Denkbarrieren abgerissen werden. Nach einer in der deutschen Staatsrechtslehre weit verbreiteten Lehre ist Demokratie nur im Nationalstaat möglich.[4] Vor kurzem hätte man das noch als ganz herrschende Lehre bezeichnen müssen, aber die Dinge sind glücklicherweise sehr in Bewegung ge-

---

[3] J-M. Coicaud/V. Heiskanen (Hrsg.), The legitimacy of international organizations, 2001.
[4] Grundlegend E.-W. Böckenförde, in: J. Isensee/P. Kirchhof (Hrsg.), HStR I, 3. Aufl. 2004, § 24.

raten. Auch das Bundesverfassungsgericht ist von dieser in den Entscheidungen zum Ausländerwahlrecht[5] massiv vertretenen Position im Maastricht-Urteil[6] vorsichtig abgerückt.

In der Diskussion über die Möglichkeit einer europäischen Demokratie wird das als die no-Demos-These[7] bezeichnet und kritisiert[8]: Wo es kein Volk im nationalstaatlichen Sinne gibt, keinen demos, da gibt es auch keine Demokratie. In Deutschland gibt diese Auffassung sich häufig als schlichte Begriffsjurisprudenz: Ausgehend vom Begriff der Demokratie als kratos des demos und dem Text des Grundgesetzes (»Alle Staatsgewalt geht vom Volke aus«) wird Demokratie definiert als Herrschaft eines mit der Gesellschaft nicht identischen kollektiven Staatsoberhaupts namens »Deutsches Volk«. Dabei wird nicht nur die Begriffsgeschichte übersehen: Der Ursprung dieser altehrwürdigen Formel liegt im Virginia Bill of Rights, wo – in der üblichen englischen Verwendung des Begriffes »people« als Plural – von Menschen nicht als von einem Kollektiv namens »Volk« die Rede ist (»That all power is vested in, and consequently derived from, the people; that magistrates are **their** trustees and servants and at all times amenable to **them**.«). Aus diesen semantischen Gründen ist die deutsche Diskussion auf Englisch auch nicht recht verständlich (wohl aber auf Französisch oder Italienisch). Sie ist auch verfassungspositivistisch falsch. Sie ist nämlich mit der gegliederten Struktur der deutschen Demokratie, ihren Grundpfeilern Föderalismus und Selbstverwaltung, in der die Staatsgewalt von unterschiedlichen demoi ausgeht, ebenso wenig vereinbar wie mit der Öffnung des Grundgesetzes gegenüber supranationaler Gewalt und der Verankerung der deutschen Demokratie in dem Gedanken der Menschenwürde: Demokratie ist die menschenwürdigste, weil auf die größtmögliche Selbstbestimmung Gleicher verpflichtete Staatsform.[9] Ihre Grundlage ist nicht ein Kollektiv, sondern der einzelne Mensch. Dass die kritisierte Auffassung in Deutschland trotzdem h.L. werden konnte, hat denn auch politische und ideengeschichtliche Gründe: Ihre Popularität in der deutschen Staatslehre dürfte sie der Tatsache verdanken, dass sich mit der Ersetzung des Monarchen durch das krypto-monarchische Herrschaftssubjekt »Volk«[10] die Traditionen des deutschen Etatismus, die Konstruktion des Staates von oben nach unten, erhalten ließen.

---

5   BVerfGE 83, 37 (Ausländerwahlrecht S-H); 83, 60 (Ausländerwahlrecht HH).
6   BVerfGE 89, 155, 182 ff.
7   J. Weiler, Der Staat »über alles«, JöR 44 (1996), S. 91–135.
8   B.-O. Bryde, Le Peuple Européen and the European People, in: A. Auer/J.-F. Flauss (Hrsg.), Le Referendum Européen, Bruxelles 1997, S. 251–274 ; A. Peters, Elemente einer Theorie der Verfassung Europas, Berlin 2001, S. 651 ff.; Th. Giegerich; Europäische Verfassung und deutsche Verfassung im transnationalen Konstitutionalisierungsprozess, Berlin 2003, S. 926 ff.
9   B.-O. Bryde, Die bundesrepublikanische Volksdemokratie als Irrweg der Demokratietheorie, Staatswissenschaften und Staatspraxis 1994, S. 305 ff.; vgl. auch Beiträge in Redaktion Kritische Justiz (Hrsg.), Demokratie und Grundgesetz, Baden-Baden 2000; Th. Gross, Das Kollegialprinzip in der Verwaltungsorganisation, Tübingen 1999, S. 163 ff.; A. Hanebeck, Bundesverfassungsgericht und Demokratieprinzip, DÖV 2004, im Erscheinen.
10 P. Häberle, Die offene Gesellschaft der Verfassungsinterpreten, JZ 1975, S. 296, 302.

Diese Lehre kann auf die einleitend geschilderte Herausforderung nur mit einem Denkverbot antworten. Der Notwendigkeit, in einer globalisierten Weltgesellschaft, in der der Nationalstaat zu klein für die Regelung wichtigster Überlebensfragen geworden ist, mit der Entwicklung transnationaler demokratischer Institutionen in Europa und darüber hinaus zu antworten, setzt sie ein schlichtes Verbot entgegen, ebenso übrigens wie dem Versuch, Partizipation unterhalb der staatlichen Ebene zu mobilisieren, um Entfremdung vom politischen System zu überwinden.

Allerdings macht die Behauptung, Demokratie sei an ein konkretes Volk (demos) gebunden, durchaus auch auf ernste Probleme unseres Themas aufmerksam.

Wenn formuliert wird, dass Demokratie nicht einfach nur Menschen oder die jeweils von Entscheidungen Betroffenen, sondern ein qualifiziertes Subjekt namens Volk voraussetzt, so liegt darin häufig die Behauptung, dass Demokratie ein bestimmtes Maß an Homogenität voraussetzt bzw. ein über Nationalgefühl vermitteltes Gemeinschaftsgefühl verlangt. In dieser Form lässt sich das Maastricht-Urteil für die These in Anspruch nehmen, da es die Möglichkeit einer europäischen Demokratie jedenfalls auch auf die durch die europäische Staatsbürgerschaft vermittelte Gemeinsamkeit gründet.[11] Demokratie könnte es dann vielleicht in einem relativ homogenen Regionalsystem, nicht aber jenseits dieser Grenzen geben. Nun ist kaum bezweifelbar, dass Demokratie in homogenen Gesellschaften theoretisch leichter funktioniert. Das sah schon Rousseau so. Die Rechtfertigung der Mehrheitsregel ist zwingender, wenn sich die Interessen der 50 %+1, die die Mehrheit bilden, nicht wesentlich von denen der Überstimmten unterscheiden. Aber diese Voraussetzung ist eben nicht mehr herstellbar. Das macht Demokratie schwieriger, aber nicht unmöglich. Macht man Homogenität, insbesondere kulturell/ethnische Homogenität zur Demokratievoraussetzung, verneint man nicht nur die Möglichkeit transnationaler Demokratie, sondern erklärt auch die meisten Staaten der Erde für demokratieunfähig, denn der sprachlich, kulturell oder gar ethnisch homogene Staat ist im Weltmaßstab die absolute Ausnahme. Nur ein winziger Bruchteil der Menschen der Erde lebt in einem solchen Staat. Durch das Entstehen von Einwanderungsgesellschaften ist er auch in Europa am Verschwinden (soweit er je bestanden hat). Aber auch unabhängig von Einwanderern haben die unterschiedlichen Szenen und Diskurse westlicher Gesellschaften längst nicht mehr dieselbe Kultur. Funktionsfähige Gemeinschaft lässt sich daher nicht mehr durch den Appell an vorpolitische Gemeinsamkeit, sondern gerade nur durch Verpflichtung auf gemeinsame Spielregeln trotz Verschiedenheit herstellen.

Auch wenn man auf Homogenität als Demokratievoraussetzung verzichtet, bleibt das Problem, wie groß Einheiten sein können, in denen sich demokratische Institutionen organisieren lassen, wie viel Gemeinschaftsbewusstsein eine Gruppe braucht, damit die Minderheit Mehrheitsentscheidungen akzeptiert, und wo die Grenzen liegen, innerhalb derer Umverteilungen als legitim betrach-

---

[11] BVerfGE 89, 155, 184 ff.

tet werden.¹² In einer solchen unideologischen Fassung ist die Frage nach dem Verhältnis von politischem Zusammengehörigkeitsgefühl und Grenzen von Entscheidungseinheiten bei unserem Thema zu beachten. Damit, dass man eine nationalstaatliche Verengung der demokratischen Idee ablehnt, hat man die gewaltigen Hindernisse für einen demokratischen Konstitutionalismus im Weltmaßstab in keiner Weise überwunden, aber man darf sich immerhin auf den Weg machen.

b) Die Optimierungsthese

Ich verstehe Demokratie demgegenüber als eine Ordnung menschlichen Zusammenlebens, die der optimalen Verwirklichung von Selbstbestimmung und Gleichheit und damit der Menschenwürde dient.¹³ Ein solches Verständnis des Demokratieprinzips als Gebot, Selbstbestimmung und Gleichheit zu optimieren, erlaubt, das Auseinanderfallen von Grenzen politischer Entscheidungseinheiten und Regelungsprobleme nicht als a priori unlösbar, sondern als lösungsbedürftiges Problem zu sehen, ohne dass es damit gelöst wäre. International wird die Diskussion zwar nicht mit dem für die deutsche Lehre oben kritisierten Dogmatismus geführt, aber auch hier hat die Demokratietheorie sich mit der Abgrenzung der Einheit (demos), die jeweils die richtige für Mehrheitsentscheidungen ist, viel zu wenig beschäftigt.

Das Kriterium der Betroffenheit (»Wer immer von der Entscheidung eines Regierungssystems betroffen ist, sollte das Recht haben, an ihm beteiligt zu sein«)¹⁴ bedarf nicht nur selbst der wertenden Abgrenzung, es muss auch mit anderen Prinzipien (z.B. dem effektiver Partizipationsmöglichkeit) optimiert werden. Würden wir nur auf das Kriterium der Betroffenheit abstellen und reichte auch eine noch so entfernte Betroffenheit aus, käme man nämlich zur Weltgemeinschaft als der einzig legitimen Entscheidungseinheit, da in einer vernetzten Weltgesellschaft politische Entscheidungen auch überall Auswirkungen haben. Aber auf dieser Ebene wäre die Chance der Partizipation minimal. Versuchen wir das Ideal effektiver Partizipation zu maximieren, kommen wir mit *Rousseau* zu so kleinen Einheiten, dass ein glückliches Volk sich unter der Eiche zu unmittelbarer Demokratie versammeln kann, aber auf dieser Ebene können die meisten Zukunftsentscheidungen nicht gefasst werden. Für die Wahl der Entscheidungseinheit gibt es daher keine absolute, sondern nur pragmatische Lösungen.¹⁵ Logisch zwingende Kategorien sind nur der Einzelmensch und die Menschheit. Bei allen Entscheidungseinheiten dazwischen müssen Kompromisse geschlossen, mehr oder weniger große Betroffenheit, Mitbestimmungsmöglichkeiten, Effi-

---

[12] F.W. Scharpf, Europäisches Demokratiedefizit und deutscher Föderalismus, Staatswissenschaften und Staatspraxis 1992, S. 293, 296 ff.
[13] B.-O. Bryde, Das Demokratieprinzip des Grundgesetzes als Optimierungsaufgabe, in: Redaktion Kritische Justiz (Hrsg.), Demokratie und Grundgesetz, Baden-Baden 2000, S. 59 ff.; vgl. auch die Nachweise in Fußn. 9.
[14] R. A. Dahl, After the Revolution, 1990, S. 49; ders., Democracy and its Critics, 1989, S. 83 ff.
[15] B.-O. Bryde, Auf welcher politischen Ebene sind die Probleme vorrangig anzugehen?, in: B. Sitter-Liver (Hrsg.), Herausgeforderte Verfassung: Die Schweiz im globalen Kontext, Freiburg, Schweiz 1999, S. 223 ff.; R. A. Dahl, After the Revolution, 1990, S. 73.

zienz bewertet und zu pragmatisch sinnvoller Konkordanz gebracht werden (was unter anderem auch bedeutet, dass ein Pluralismus von unterschiedlich inklusiven und überlappenden demokratischen Entscheidungseinheiten an die Stelle der Fixierung auf die nationalstaatliche Ebene treten muss).

In der Diskussion über das europäische Demokratiedefizit stellen die Kritiker oft einseitig auf die Partizipationsmöglichkeiten ab, die auf transnationaler Ebene naturgemäß schlechter sind. Aber nach dem Betroffenheitskriterium sind in einer Zeit, in der immer mehr Entscheidungen grenzüberschreitende Auswirkungen haben, transnationale demokratische Institutionen demokratischer Fortschritt. Nur wenn Aufgaben unnötig auf die weniger partizipative europäische Ebene abwandern, entsteht ein Demokratiedefizit. Wenn hingegen auf europäischer Ebene Entscheidungen mit grenzüberschreitender Betroffenheit getroffen werden, führt ihre Verschiebung auf die europäische Ebene mit ihren demokratischen Mitwirkungsmöglichkeiten nicht zu einem Weniger, sondern einem Mehr an Demokratie, selbst wenn die Rechte des Europaparlaments geringer sind als die des Bundestages, was zum Beispiel für seine Kontrollkompetenzen gar nicht unbedingt gilt.

Demokratisierung kann also internationale Herrschaftsprozesse nicht aussparen. Wenn unter den Bedingungen der Globalisierung Menschen von politischen Entscheidungen überall betroffen sind, muss ihr gemeinsames Interesse auch in einer weltbürgerlichen Ordnung repräsentiert werden.[16]

4. Weltbürgerliche Umgestaltung der Legitimationsbasis des Völkerrechts

Eine wichtige theoretische Vorbedingung für einen demokratischen Konstitutionalismus im Weltmaßstab ist dabei erfüllt, nämlich die Anerkennung eines die Summe der Staateninteressen transzendierenden Gemeinschaftsinteresses[17], das die Menschen der Erde zur Legitimationsbasis des Völkerrechts macht. Das klingt vielleicht zu pathetisch, ist aber Ergebnis schlichter, weitgehend anerkannter Völkerrechtsdogmatik.

Dafür waren mehrere Entwicklungen entscheidend. Wichtig war einmal die Anerkennung von nicht den Staaten, sondern der Menschheit zugeordneten Rechtsgütern wie Weltraum, Antarktis, Hohe See und ihr Boden als *Common Heritage of Mankind*.

Auch im internationalen Umweltrecht hat die Unmöglichkeit, den Schutz der natürlichen Lebensgrundlagen und ihrer Nachhaltigkeit im traditionellen Sinne »zwischenstaatlich« zu verstehen,

---

[16] D. Held, Democracy and the Global Order, 1995, S. 141 ff.; R. A. Dahl, After the Revolution, 1990, S. 49; ders., Democracy and its Critics, 1989, S. 83 ff.; B.-O. Bryde, Konstitutionalisierung des Völkerrechts und Internationalisierung des Verfassungsrechts, Staat 42 (2003), S. 61 ff.; S. Marks, Democracy and international Governance, in: J.-M. Coicaud/V. Heiskanen (Hrsg.), The legitimacy of international organizations, 2001, S. 47 ff.

[17] B. Simma, From Bilaterism to Community Interests, 250 Recueil des Cours (1994), S. 217 ff.

zu einer Neukonstruktion des Völkerrechts beigetragen, in der die Interessen der Staaten dem Wohl der Menschheit untergeordnet werden.[18]

Vor allem aber ist die Entwicklung des völkerrechtlichen Menschenrechtsschutzes von Bedeutung. Menschenrechte lassen sich nicht mit der Vorstellung einer horizontalen, zwischenstaatlichen Rechtsordnung in Übereinstimmung bringen: Es geht nicht um Rechte und Pflichten der Staaten untereinander, sondern gegenüber Menschen, und zwar aufgrund gemeinsamer Werte und der Interessen der Menschheit als ganzer. Menschenrechtsschutz im Völkerrecht macht Sinn nur als Verpflichtung der Staaten zugunsten von Menschen gegenüber einer den Staaten übergeordneten Legitimationsinstanz. Diese Verpflichtung besteht, das ist die zweite Revolutionierung des klassischen Völkerrechts durch den völkerrechtlichen Menschenrechtsschutz, für innerstaatliches Verhalten. In einem Völkerrecht mit Menschenrechten gibt es keine domaine réservé mehr.[19]

Mit der Anerkennung von Verpflichtungen der Staaten gegenüber Menschen und Gemeinschaftsinteressen ist ein rein zwischenstaatliches Modell des Völkerrechts verlassen. Ein Verständnis von Völkerrecht, in dem nicht mehr die Staaten oberster Bezugspunkt des Rechts sind, ist dann zwingend. Das ist auch in der Völkerrechtslehre inzwischen weitgehend akzeptiert. Noch strittig ist hingegen die genaue Umschreibung dieser obersten Legitimationsinstanz. Bereits die inzwischen zunehmend verbreitete Konstruktion einer (Völker-)Rechtsgemeinschaft als den Staaten übergeordneter Instanz[20] ist ein erheblicher Fortschritt, bleibt aber noch sehr nahe am zwischenstaatlichen Modell, genauso wie das Insistieren auf den Staaten als Herren der Verträge im Europarecht. Die Formulierung vom »Heritage of Mankind« und die zentrale Rolle der Menschenrechte verweisen auf die Menschen der Erde als Legitimationsquelle.[21] Damit ist auch die Völkerrechtsordnung theoretisch in die demokratische Legitimationsrevolution unseres Jahrhunderts einbezogen.

Die Anerkennung eines Gemeinschaftsinteresses der Menschheit ist für ein zukunftsfähiges Völkerrecht von grundlegender Bedeutung. Die Zukunfts- und Überlebensprobleme lassen sich nicht als Aushandlungsprozesse einzelstaatlicher Interessen lösen, sondern nur, wenn Gemeinschaftsinteressen der Menschheit als vorrangig anerkannt und die Staaten auf ein globales Gemeinwohlprogramm verpflichtet werden.

Ohne eine Einbeziehung der Menschen auch als Subjekte in die Weiterentwicklung des Völkerrechts bleibt diese Neubestimmung seiner normativen Grundlagen allerdings theoretisch. Die Ver-

---

[18] B.-O. Bryde, Grenzüberschreitende Umweltverantwortung und ökologische Leistungsfähigkeit der Demokratie, in: K. Lange (Hrsg.), Gesamtverantwortung statt Verantwortungsparzellierung im Umweltrecht, Baden-Baden 1997, S. 75 ff.
[19] B.-O. Bryde, Verpflichtungen Erga Omnes aus Menschenrechten, BDGVR 33 (1994), S. 165 ff.
[20] A. Fischer-Lescano, Die Emergenz der Globalverfassung, ZaöRV 63 (2003), S. 717 ff.; A. Peters, Global Constitutionalism Revisited, EJIL 5 (2004), im Erscheinen.
[21] Ph. Allott, Eunomia, Oxford 1990, S. 254 ff.; P.-M. Dupuy, The Constitutional Dimension of the Charter of the United Nations Revisited, Max Planck UNYB 1 (1997), S. 1–33; B.-O. Bryde, Konstitutionalisierung des Völkerrechts und Internationalisierung des Verfassungsrechts, Staat 42 (2003), S. 61 ff.; Ph. Kunig, Das Völkerrecht als Recht der Weltbevölkerung, AöR 41 (2003), S. 327 ff.

pflichtung der Staaten auf ein Gemeinschaftsinteresse ist in der Wirklichkeit der internationalen Beziehungen nur schwer gegen einzelstaatliche Partikularinteressen durchzusetzen, solange Regierungen den völkerrechtlichen Willensbildungsprozess monopolisieren. Hinzu kommt, dass im zwischenstaatlichen Verhältnis Regierungen dazu neigen, Partikularinteressen in nationale Interessen umzudefinieren. Innerhalb eines staatlichen politischen Systems ist die Auseinandersetzung z.B. zwischen den Emissionsinteressen der Industrie und Immissionsopfern ein gesellschaftlicher Konflikt. Verweist eine Grenze Emittenten und Immissionsopfer in unterschiedliche Staaten, ändert sich die Definition des Konflikts: Die Interessen der Emittenten erscheinen nun als »nationale« Interessen, die es im internationalen Aushandlungsprozess zu beschützen gilt. Gleiches gilt für die Interessen von Exporteuren oder Investoren und so weiter.[22]

Eine transnationale demokratische Organisation könnte demgegenüber Gemeinschaftsinteressen durchsetzen. Als Illustration kann die umweltpolitische Bilanz des Europaparlaments dienen. In allen Verfahren, in denen es seinen Einfluss geltend machen konnte, hat es für Verbesserungen der Vorschläge von Kommission und Rat zugunsten der Umwelt gekämpft. Dieser Befund wäre fehl gedeutet, wenn man ihn als These verstehen würde, dass Parlamente umweltfreundlicher sind als Regierungen. Im nationalen Rahmen ließe sich das kaum verifizieren. Im parlamentarischen System wäre ein solcher Vergleich ohnehin wenig sinnvoll. Die größere Umweltfreundlichkeit eines grenzüberschreitenden Parlaments macht dagegen Sinn. Internationale Umweltpolitik ist systematisch schlechter als nationale, weil Kosten externalisiert und Verschmutzungsinteressen in nationale Interessen umdefiniert werden. Genau diese transnationale offene Flanke der Umweltpolitik kann in einem transnationalen Parlament geschlossen werden, weil hier transnationale Umweltinteressen thematisiert und repräsentiert werden können.

Einer Neustrukturierung völkerrechtlicher Legitimität, die das Völkerrecht auf die Menschen statt die Staaten bezieht, muss daher die Repräsentation dieses neuen Souveräns folgen.

Das ist offensichtlich ein Zukunftsprojekt, aber keine Utopie.

5. Global Governance durch internationale Organisationen

Wir können jedenfalls den Ort bestimmen, an dem eine Demokratisierung ansetzen müsste. Die bemerkenswerteste Entwicklung des Völkerrechts seit dem 2. Weltkrieg ist der Aufstieg der internationalen Organisationen zu zentralen Akteuren. Rechtssoziologisch ist dabei besonders wichtig, dass mit diesen Organisationen – von den Vereinten Nationen bis zur spezialisiertesten technischen Organisation, z.B. der Internationale der Leuchtturmverwaltungen – auch Unterstützung für übernationale Gemeinschaftsinteressen entstehen. Internationale Beamte und Mandatsträger werden als Vertreter nationaler Interessen in internationale Organisationen entsandt, entwickeln dort aber ziemlich schnell eine konkurrierende Identifikation mit der Organisation und ihrem Auftrag.

---

[22] B.-O. Bryde, Grenzüberschreitende Umweltverantwortung und ökologische Leistungsfähigkeit der Demokratie, in: K. Lange (Hrsg.), Gesamtverantwortung statt Verantwortungsparzellierung im Umweltrecht, Baden-Baden 1997, S. 75, 79 f.

Für eine Bewertung internationaler Demokratisierungschancen ist dieser Befund ambivalent. Einerseits fördert er – unter output-Gesichtspunkten, eine Herrschaft für das Volk – eine Tätigkeit der internationalen Organisationen im Interesse der Menschheit statt der Einzelstaaten. Unter Legitimations- und Partizipationsgesichtspunkten ist hingegen gerade die Verselbständigung internationaler Bürokratien ein Problem, wenn sie den Einfluss nationaler Regierungen zurückdrängen, denn Letztere sind jedenfalls in Demokratien ihren nationalen Parlamenten und Wählern auch für ihre Rolle in internationalen Gremien verantwortlich.

Internationale Organisationen sind zu internationalen Regierungssystemen geworden. Sie haben Mechanismen der Rechtsetzung und Rechtsdurchsetzung gefunden, die effektiver sind als die des klassischen Völkerrechts.

Wie groß man ihre Leistungsfähigkeit beurteilt, hängt auch von der Frage ab, ob man die europäische Integrationsgemeinschaft in die Analyse einbezieht. Unsere europäische Binnensicht ist vom Vergleich der Europäische Union zum Nationalstaat bestimmt und entdeckt dann vor allem Defizite. In der Völkerrechtsliteratur wird sie hingegen als besonders fortgeschrittene Form internationaler Organisation behandelt, als Modell dafür, zu welcher Effektivität sich die Zusammenarbeit von Staaten verdichten kann.[23] Die zweite Perspektive halte ich für zutreffender. Es geht bei der europäischen Einigung nicht um die Herstellung eines (größeren) neuen Nationalstaats, sondern darum, ob es gelingt – mit exemplarischer Wirkung auch für den Rest der Welt –, eine demokratische Regierungsordnung jenseits des Staates zu entwickeln. Ein Export europäischer Erfahrungen regionaler Organisation in andere Weltregionen ist aus heutiger Sicht vielleicht kein allzu aussichtsreiches Projekt, aber immerhin realistischer als der Weltstaat.

Nicht nur regionale, auch funktionell spezialisierte internationale Organisationen haben inzwischen hoch effektive Rechtsdurchsetzungsmechanismen entwickelt, am deutlichsten, schon mit supranationalen Zügen, die WTO. Solche Beispiele sind als Beleg für die Leistungsfähigkeit des Völkerrechts brauchbar und erlauben die Vorhersage, dass das Völkerrecht keinesfalls tot ist. Auf vielen wirtschaftlichen, sozialen und technischen Feldern internationaler Politik sind praktische Notwendigkeit und praktischer Ertrag internationalrechtlicher Organisation einfach zu wichtig.

Ausreichend für das Völkerrecht einer globalisierten Weltgesellschaft ist das allerdings noch nicht. Die Effektivität internationaler Organisation ist nämlich sehr unterschiedlich verteilt. Organisationen der reichen Staaten sind leistungsfähiger als die armer Staaten, und die Organisationen, die mächtigen wirtschaftlichen Interessen dienen, wie die WTO oder IWF, sind mit wirkungsvolleren Durchsetzungsmechanismen ausgestattet als solche mit sozialer Zielsetzung. Diese unterschiedliche Institutionalisierung verschiedener Politikbereiche ist daher geeignet, die ohnehin schon zu großen Machtungleichgewichte in der Weltgesellschaft zu befördern, statt auszugleichen.

---

[23] M. Akehurst/P. Malenczuk, Modern Introduction to International Law, 7. Aufl., 1997, S. 96; B.E. Carter/Ph.R. Trimble, International Law, 2. Aufl., 1991, S. 546 ff.; M.N. Shaw, International Law, 5. Aufl. 2003, S. 1172: »the most sophisticated regional institutions so far created.«

Vor allem die sozialen Dimensionen des Völkerrechts sind unzureichend institutionalisiert, und auch dafür dürften wieder die fehlenden demokratischen Partizipationsmöglichkeiten mit verantwortlich sein.

Und je effektiver und supranationaler sie werden, desto mehr stellt sich die Legitimationsfrage.

6. Entstehen einer internationalen Öffentlichkeit

In dieser durch internationale Organisationen strukturierten Weltgesellschaft ist ein weiterer Schritt zu einem demokratischen Konstitutionalismus ebenfalls bereits getan: das Entstehen eines internationalen demokratischen zivilgesellschaftlichen Willensbildungsprozesses.

Gerade die Irak-Krise ist insofern bemerkenswert. Pessimisten werden nur sehen, dass die Millionen, die rund um den Globus demonstriert haben, den Krieg nicht verhindern konnten, allerdings – leider – in der Sache völlig Recht behalten haben: Der Krieg erweist sich als genau die Katastrophe, die sie verhindern wollten. Optimisten werden demgegenüber sehen, dass diese Menschen weltweit für das Völkerrecht auf die Straße gegangen sind. Das ist so noch nicht vorgekommen. Die Demonstrationen gegen den Vietnamkrieg waren stark von Parteinahme gegen die USA und für den Viet Cong bestimmt (Ho-Ho-Ho-Chi-Minh). Auf den Demonstrationen gegen den Irakkrieg hat man keine Saddam-Rufe gehört. Auch keine Eigeninteressen der Beteiligten waren im Spiel, da nirgendwo Wehrpflichtigen der Tod drohte. Nicht einmal absoluter Pazifismus war Hauptantrieb, denn die internationale öffentliche Meinung akzeptiert, ja unterstützt und fordert legitime Kollektivaktionen der Völkergemeinschaft auf dem Balkan oder in Afrika, auch wenn sie blutig verlaufen.

Akteure, die die internationale Öffentlichkeit bilden, sind vorerst vor allem Nichtregierungsorganisationen, die zum Beispiel beim Menschenrechtsschutz und dem Schutz der gemeinsamen Überlebensinteressen im Umweltrecht eine lange und relativ erfolgreiche Tätigkeit in der Einwirkung auf internationale Prozesse der Fortbildung des Völkerrechts aufweisen können.

Die Völkerrechtsgemeinschaft hat diese Rolle durch die formelle Zubilligung eines Beobachterstatus im Rahmen von internationalen Organisationen und Verhandlungsprozessen anerkannt.[24] Die unterschiedlich effektive Organisation unterschiedlicher Belange im internationalen System wird dadurch teilweise ausgeglichen. Das Umweltprogramm der Vereinten Nationen wäre z.B. ohne die Zuarbeit der internationalen Umweltverbände schlicht nicht arbeitsfähig. Auch der internationale Menschenrechtsschutz ist ohne Amnesty International oder die Internationale Juristenkommission nicht vorstellbar. Die Menschenrechtsausschüsse der Vereinten Nationen könnten ihre Funktion nicht erfüllen, wenn sie nicht die Unterstützung von Menschenrechts-NGOs erhielten.

Da der Rechtsfortbildungsprozess im Völkerrecht in erheblichem Maße durch rechtlich unverbindliche und doch einflussreiche Dokumente (»soft law«) vorangetrieben wird, ist der Gegensatz

---

[24] Art. 71 UN-Satzung.

zwischen verbindlich handelnden Regierungen und bloß Einfluss nehmenden Nichtregierungsorganisationen sehr viel fließender, als es eine Entgegensetzung von Parlament und Verbänden innerhalb demokratischer Staaten wäre. Die Rechtsentwicklung im Umweltvölkerrecht ist ein guter Beleg: Die Geschichte der Durchsetzung des Prinzips des »sustainable development« zeigt plastisch, in welchem Umfang die Entwicklung von Umwelt-NGOs vorangetrieben wurde. Zentral war vor allem die Rolle der International Union for the Conservation of Nature (ICUN), in deren World Conservation Strategy von 1980 das Konzept des »sustainable development« erstmals auftaucht und auf deren Vorarbeiten und Betreiben auch die von der UN-Generalversammlung 1982 verabschiedete »Weltcharta der Natur« zurückgeht.[25]

Träger der Völkerrechtsentwicklung ist dabei häufig eine Koalition der internationalen Bürokratie mit der internationalen Zivilgesellschaft.

Aber es wäre verkürzt, den Beitrag von NGOs nur in solcher Einbeziehung in die Governance-Struktur zu sehen. NGOs partizipieren nicht nur in der internationalen Regierung, sondern stellen auch die Opposition. Neben denen, die sich integrieren lassen, stehen Organisationen wie ATTAC oder Greenpeace, die vor allem versuchen, nichtprivilegierten Interessen eine Stimme zu geben. Der Beitrag beider ist wichtig.

Auf diese Weise entsteht also ein Stück Weltpluralismus und Weltöffentlichkeit.

Eine solche positive Perspektive einer mit Hilfe von NGOs entstehenden internationalen Zivilgesellschaft stößt in Deutschland sofort auf den oben bereits kritisierten verengten Demokratiebegriff, der nur den vom Demos über Wahlen zu Amtsträgern führenden Legitimationszusammenhang anerkennt.

Man muss sich sicher vor einer zu idealistischen Einschätzung des Beitrags der NGOs hüten[26]: auf diesem Feld tummeln sich auch unseriöse Akteure, aber demokratietheoretisch ist festzuhalten, dass auch ohne ausgebautes formelles Repräsentativsystem eine Praxis, die den von den Entscheidungen internationaler Regierungssysteme Betroffenen eine Stimme gibt und in der internationale Bürokratien internationale Verbände heranziehen, demokratischer ist als eine rein gouvernementale Willensbildung. Dass diese Ansätze für das Projekt transnationaler Demokratie nicht ausreichend sind, versteht sich von selbst.

7. Demokratisierung
Mit der Forderung nach einer über solche informelle Partizipationsformen hinausgehenden Demokratisierung der internationalen Ordnung kommen wir gefährlich nahe an die Position eines weltfernen Idealismus.

---

[25] Siehe hierzu R. Bartholomäi, Sustainable Development und Völkerrecht, Baden-Baden 1997, S. 192 ff.
[26] Differenziert G. Frankenberg, Vorsicht Demokratie! Kritik der juridischen Versicherung einer Gesellschaft gegen die Risiken der Selbstregierung, in: Redaktion Kritische Justiz (Hrsg.), Demokratie und Grundgesetz, Baden-Baden 2000, S. 177 ff.

Ob man die auch institutionelle Demokratisierung internationaler öffentlicher Gewalt für denkmöglich hält, ist wiederum davon abhängig, ob wir Europa in die Betrachtung einbeziehen. Aus völkerrechtlicher Sicht ist eine Institution wie das Europaparlament nicht die defizitäre Karikatur eines nationalen Parlaments, sondern die demokratischste Organisationsform internationaler Willensbildung, die bisher auf der Welt existiert. Auf solcher regionaler Ebene muss die Demokratisierung der transnationalen Ebene möglich sein und muss sie beginnen.

Auch in funktionellen räumlich begrenzten internationalen Organisationen, wie denen für die internationalen Regime von Flüssen, Seen oder Binnenmeeren sind neben Sekretariaten und Staatenversammlungen parlamentarische Vertretungen der Anrainer denkbar und würden die Willensbildung verändern. Das macht die schlichte Überlegung deutlich, wie anders ein Parlament der Anrainer der Nordsee mit den Verklappungsinteressen der Industrie umgehen würde als eine Regierungskonferenz: Nach der Resonanz und Wirkung, die die Brent-Spar-Kampagne von Greenpeace mit Hilfe einer breiten Boykottbewegung erlangt hat, ist man insofern nicht nur auf hypothetische Überlegungen angewiesen

Im Weltmaßstab überwiegen hingegen die Schwierigkeiten. Selbst für den bescheidenen Anfang eines Aufgreifens des europäischen Modells in anderen Regionen gibt es zurzeit nicht viele realistische Kandidaten. Hauptproblem sind die demokratischen Defizite in den Mitgliedsstaaten. Eine Demokratisierung der transnationalen Ebene ist schwer vorstellbar, wenn die Teile nicht demokratisch organisiert sind. Die Wahl internationaler Parlamente in Organisationen, in denen ein Großteil der Staaten Nichtdemokratien sind, ist kein realistisches Modell.

Die Entwicklung internationaler Demokratie ist dabei keine Einbahnstraße, die überhaupt erst betreten werden dürfte, wenn alle Mitglieder lupenreine Demokraten geworden wären. Die Mitgliedschaft in einem auf Menschenrechte und Demokratie zielenden Verbund wie dem Europarat kann durchaus helfen, die Demokratie der Mitgliedsstaaten zu sichern und auch zu entwickeln. Vor allem durch ihre Menschenrechtsaktivitäten tragen auch internationale Organisationen, deren Mitglieder nicht durchgehend Demokratien sind, zur Demokratisierung auf nationaler Ebene bei. Auf diesem Weg muss sowohl im Interesse der Menschen auf der Welt wie zur Ermöglichung transnationaler Demokratie weitergegangen werden.

Ein Weg, der zu diesem Ziel ungeeignet ist, ist allerdings der Versuch, Demokratie durch Krieg herbeizubomben. Das ist mit Sicherheit nicht nur völkerrechtswidrig – obwohl vor allem in der amerikanischen Literatur das Recht zur demokratischen Intervention neben der humanitären Intervention immer mehr Anhänger findet[27] – sondern kontraproduktiv. Im Westen, von dem Hilfe

---

[27] Grundlegend M. Reismann, Coercion and Self-Determination: Construing Charter Art. 2(4), American Journal of International Law 78 (1984), S. 642 ff.

für weltweite Demokratisierungsprozesse vor allem zu erwarten wären, blockieren sich leider zwei entgegengesetzte Ethnozentrismen: der naive Glaube, man könne die Welt nötigenfalls durch Gewalt nach dem eigenen Bilde formen, und der zynische Zweifel an der Demokratiefähigkeit fremder Kulturen. Beide sind falsch. Wichtig wären hingegen Verständnis für Kultur und Probleme des anderen. Diese Eigenschaften sind in unseren Gesellschaften nicht sehr ausgeprägt.

Insofern muss ich den Vortrag dann doch auf einer pessimistischen Note schließen.

Christoph Gusy[1]

Private und öffentliche Videoüberwachung in unseren Städten und informationelle Selbstbestimmung

I. Einführung

Die öffentliche und die private Videoüberwachung ist inzwischen weitgehend verrechtlicht. Bund und nahezu alle Länder haben flächendeckend Vorschriften erlassen, welche sowohl die Aufnahme als auch die Speicherung von Bildern durch Private wie auch durch die Polizei zumindest ansatzweise regeln. Dabei zeichnen sich gewisse Übereinstimmungen zwischen den landesgesetzlichen Bestimmungen ab.

Die allgemeine bundesgesetzliche Bestimmung zur Regelung beider Materien (§ 6 b BDSG) lautet wie folgt:

»(1) Die Beobachtung öffentlich zugänglicher Räume mit optisch-elektronischen Einrichtungen (Videoüberwachung) ist nur zulässig, soweit sie

1. zur Aufgabenerfüllung öffentlicher Stellen,

2. zur Wahrnehmung des Hausrechts oder

3. zur Wahrnehmung berechtigter Interessen für konkret festgelegte Zwecke

erforderlich ist und keine Anhaltspunkte bestehen, dass schutzwürdige Interessen der Betroffenen überwiegen.

(2) Der Umstand der Beobachtung und die verantwortliche Stelle sind durch geeignete Maßnahmen erkennbar zu machen.

(3) Die Verarbeitung oder Nutzung von nach Abs. 1 erhobenen Daten ist zulässig, wenn sie zum Erreichen des verfolgten Zwecks erforderlich ist und keine Anhaltspunkte bestehen, dass schutzwürdige Interessen der Betroffenen überwiegen. Für einen anderen Zweck dürfen sie nur verarbeitet oder genutzt werden, soweit dies zur Abwehr von Gefahren für die staatliche und öffentliche Sicherheit sowie zur Verfolgung von Straftaten erforderlich ist.

(4) Werden durch Videoüberwachung erhobene Daten einer bestimmten Person zugeordnet, ist diese über eine Verarbeitung oder Nutzung entsprechend den §§ 19 a und 33 zu benachrichtigen.

(5) Die Daten sind unverzüglich zu löschen, wenn sie zur Erreichung des Zwecks nicht mehr erforderlich sind oder schutzwürdige Interessen der Betroffenen einer weiteren Speicherung entgegenstehen.«

---

[1] Der Juristischen Gesellschaft Bremen danke ich herzlich für die Einladung zum Vortrag, den Zuhörerinnen und Zuhörern für anregende Diskussion.

Regelungsgegenstände dieser Bestimmung sind somit
- die Überwachung öffentlich zugänglicher Räume unabhängig von der Frage, ob diese in öffentlichem oder privatem Eigentum stehen oder von öffentlichen oder privaten Stellen betrieben werden,
- die Pflicht zur öffentlichen Bekanntmachung der Tatsache der Überwachung,
- die Zulässigkeit der Verarbeitung, namentlich der Speicherung und sonstigen Nutzung so erhobener Informationen,
- die Zulässigkeit der Individualisierung jener Daten, also der Identifizierung einzelner abgebildeter Personen,
- Speicherungsdauer, Löschungspflicht und Löschungsanspruch.

Jene Regelung gilt allerdings für den Bereich der Videoüberwachung durch staatliche Stellen nur insoweit, als hier keine kompetenzgemäß erlassenen Spezialnormen in Kraft sind. Für die Polizei haben die Bundesländer regelmäßig eigene Bestimmungen getroffen, um die Materie entsprechend den Vorgaben des Grundgesetzes und der Landesverfassungen auszugestalten.[2] Die entsprechende Regelung des Bundeslandes Bremen (§ 29 HBPolG) über »Datenerhebung bei öffentlichen Veranstaltungen und Ansammlungen, an besonders gefährdeten Objekten und auf öffentlichen Flächen« lautet wie folgt:

»(1) Der Polizeivollzugsdienst darf bei oder unmittelbar im Zusammenhang mit öffentlichen Veranstaltungen und Ansammlungen, die nicht dem Versammlungsgesetz unterliegen, offene Bildaufnahmen sowie Bild- und Tonaufzeichnungen (Aufzeichnungen) über solche Personen anfertigen, bei denen Tatsachen die Annahme rechtfertigen, dass sie nicht geringfügige Ordnungswidrigkeiten oder Straftaten begehen werden oder zu erwarten ist, dass ohne diese Maßnahmen die Erfüllung polizeilicher Aufgaben nicht möglich wäre oder wesentlich erschwert würde. Die Maßnahme darf auch durchgeführt werden, wenn Dritte unvermeidbar betroffen werden.

(2) Der Polizeivollzugsdienst darf Aufzeichnungen von einer Person anfertigen, wenn sie sich in einem Objekt im Sinne des § 11 Abs. 1 Nr. 4 oder in dessen unmittelbarer Nähe aufhält und die weiteren Voraussetzungen nach Abs. 1 erfüllt sind.

(3) Öffentlich zugängliche Orte, an denen vermehrt Straftaten begangen werden oder bei denen aufgrund der örtlichen Verhältnisse die Begehung von Straftaten besonders zu erwarten ist, dürfen mittels Bildübertragung oder -aufzeichnung durch den Polizeivollzugsdienst offen und erkennbar beobachtet werden, wenn dies zur Erfüllung von Aufgaben nach § 1 Abs. 1 erforderlich ist. Die Anordnung der Bildübertragung darf nur durch die Behördenleitung erfolgen; § 30 gilt im Übrigen entsprechend. In regelmäßigen Abständen ist zu prüfen, ob die Voraussetzungen für die Anordnung weiter vorliegen. Die Orte sind im Benehmen mit dem Senator für Inneres, Kultur und Sport festzulegen.

---

[2] Zum Recht Nordrhein-Westfalens s. eingehend Gusy, NWVBl 2004, 1.

(4) Die nach den Absätzen 1 und 2 hergestellten Aufzeichnungen und daraus gefertigte Unterlagen sind spätestens 2 Monate nach dem Zeitpunkt der Aufzeichnung zu löschen oder zu vernichten, nach Abs. 3 hergestellte Aufzeichnungen spätestens nach 48 Stunden, soweit nicht die Aufbewahrung im Einzelfall zur Verfolgung von Straftaten oder von Ordnungswidrigkeiten weiterhin erforderlich ist.«

Regelungsgegenstände dieser Bestimmung sind demnach
– das Recht der Polizei zur Anfertigung von Videoaufzeichnungen bei Veranstaltungen oder Ansammlungen,
– das Recht der Polizei zur Anfertigung von Videoaufnahmen einzelner Personen,
– das Recht der Polizei zur Anfertigung von Videoaufnahmen an bestimmten Orten,
– die Pflicht zur öffentlichen Bekanntmachung der Überwachung,
– das Recht zur Individualisierung dieser Aufnahmen, also ihrer Zuordnung zu bestimmten Personen,
– das Recht zur Speicherung und Verarbeitung jener Daten,
– Speicherungsdauer, Löschungsfristen und Löschungsaufzeichnungen.

Die zuletzt genannte Bestimmung ist nicht die einzige Rechtsgrundlage für die Polizei zur Videoüberwachung. Daneben treten verdeckte Maßnahmen, die im Unterschied zur Videoüberwachung weder der Öffentlichkeit noch dem Betroffenen vorher bekannt gegeben werden (s. §§ 32f BremPolG),[3] und die Befugnis zur Anfertigung von »Lichtbildern und Bildaufzeichnungen« zur Erforschung bestimmter Straftaten oder zur Ermittlung des Aufenthaltsortes des »Täters« in § 100c Abs. 1 Nr. 1 StPO.[4]

II. Warum eigentlich Videoüberwachung?

1. Die zwei Sphären privater und öffentlicher Videoüberwachung

Die zitierte bundesrechtliche Regelung gilt subsidiär, wenn keine spezielleren Bestimmungen anwendbar sind. Da dies für Maßnahmen staatlicher oder vergleichbarer Stellen vielfach der Fall ist, gilt sie insbesondere für Maßnahmen Privater. Insoweit zeigen sich allerdings Unterschiede, welche der Erklärung bedürfen.

Überwachungsmaßnahmen Privater bildeten den Anfang unserer Problematik.[5] Die Eigensicherung von Banken gegen potentielle Überfälle, von Geschäften gegen mögliche Diebstähle und von

---

[3] Sie verlaufen also vollständig unerkennbar (= heimlich) oder jedenfalls für den Betroffenen nicht als polizeiliche Maßnahmen erkennbar (= verdeckt).
[4] Nähere Regelungen über die Zulässigkeit der Datenspeicherung und -verarbeitung sowie zu Aufbewahrungsfristen und Löschungspflichten enthalten die §§ 477 ff., 484 ff. StPO.
[5] S. näher 59. Konferenz der Datenschutzbeauftragten v. 14./15. März 2000; Resolution, abgedr. im XV. Tätigkeitsbericht des Niedersächsischen Datenschutzbeauftragten 1999/2000, Anlage 14; Bäumler, RDV 2001, 67; Königshofen, RDV 2001, 220; s.a. Gerhold, DuD 2001, 377.

Arbeitgebern gegen eventuell treulose Arbeitnehmer[6] markierten den Beginn einer Tendenz, die darauf gerichtet war, traditionelle Schutzmechanismen durch Wachleute, Ladendetektive oder Werkschutz zu automatisieren bzw. zu industrialisieren und so zugleich kostengünstiger und effektiver zu machen.[7] Jene anfänglichen Maßnahmen blieben weitgehend in Bereichen, welche durch das Hausrecht[8] bzw. das Direktionsrecht der Arbeitgeber verbürgt erschienen. In den öffentlichen Bereich wuchsen sie am ehesten hinein, als – zeitgleich, partiell sogar schon zuvor – Verkehrsträger bzw. -unternehmen zur Eigensicherung gegen Missbrauch oder Vandalismus, aber auch zur Garantie der Sicherheit, Leichtigkeit und Fahrplanmäßigkeit ihres Betriebes Bahnhöfe, U-Bahn-Stationen oder Haltestellen zu überwachen begannen. Der faktische Unterschied lag darin, dass hier Räume überwacht wurden, welche zwar in privatem Eigentum standen oder von Privaten betrieben wurden, die aber – insoweit vergleichbar dem öffentlichen Raum – der Benutzung durch die Allgemeinheit zugänglich oder sogar dazu bestimmt waren. Hier standen also privates Hausrecht einerseits und öffentlicher Benutzungszweck andererseits in einem Kollisionsverhältnis. Es waren solche Fälle, welche überhaupt erst ein besonderes, vom Hausrecht oder Direktionsrecht des Arbeitgebers abgelöstes Regelungsbedürfnis begründeten. Inzwischen beziehen sich solche »privaten« Überwachungsmaßnahmen nicht mehr ausschließlich auf private Grundstücke. Vielmehr beziehen sie deren unmittelbare Umgebung jedenfalls dann ein, wenn sie zum Schutz von Gebäuden oder ihrer Zugänglichkeit auch den unmittelbar umliegenden Bereich öffentlicher Straßen oder Plätze oder auch Privatgelände Dritter umfassen. Inzwischen soll es mindestens eine Großstadt in Deutschland geben, in welcher der Innenstadtbereich zur Hälfte oder mehr von privaten oder öffentlichen Videokameras erfasst wird.

Inzwischen hat die öffentliche Hand, namentlich die Polizei, nachgezogen. Sie verfolgt ein komplexes, bisweilen geradezu widersprüchlich erscheinendes Motivbündel.[9] Da ist zunächst der Kostendruck, welcher durch die Idee des »schlanken Staates« begründet wurde und vielerorts dazu geführt hat, dass zwar die Erwartungen an die Leistungen der öffentlichen Hand unverändert hoch geblieben sind, auf der anderen Seite aber die Bereitschaft abgenommen hat, die dafür erforderlichen Mittel aufzubringen. Dieser Druck setzt sich in (Forderungen nach) optimaler Ressourcenallokation, Personaleinsparungen und Outsourcing auch von Sicherheitsaufgaben fort. Hier wird die Videoüberwachung als ein Instrument angesehen, einerseits dem Kostendruck nachzugeben, andererseits aber auch den Anspruch einer (prinzipiell flächendeckenden) sicherheitspolitischen

---

[6] Die Besonderheiten des Arbeitsrechts sollen dabei ausgespart werden; s. dazu Edenfeld, PersR 2000, 323; Tammen, RDV 2000, 15 ff.
[7] Zu den ausländischen Vorbildern in den USA oder in Großbritannien vgl. die sorgfältige und gedankenreiche Untersuchung von M. Gras, Kriminalprävention durch Videoüberwachung, 2003, S. 30 ff.; zu den USA auch V. Bartsch, Rechtsvergleichende Betrachtung präventiv-polizeilicher Videoüberwachungen öffentlich zugänglicher Orte in Deutschland und in den USA, 2004.
[8] Dazu näher W. Engeln, Das Hausrecht und die Berechtigung zu seiner Ausübung, 1989; s.a. Bethge, VerwA 1977, 313.
[9] Eingehend dazu die Beiträge in dem Band von Möller/v. Zezschwitz, Videoüberwachung – Wohltat oder Plage?, 2000.

Grundversorgung für alle Bevölkerungskreise aufrechtzuerhalten. Dies soll dadurch geschehen, dass ein Teil von Personaleinsparungen durch (preisgünstigere) technische Maßnahmen kompensiert wird. Das teure Personal zieht sich in seine Wachen und vor die Bildschirme zurück, bleibt aber dem Anspruch nach gerade wegen der Überwachung dennoch an wichtigen Gefahrenquellen präsent. Darin liegt zugleich die gegenläufige Tendenz einer Steigerung der Effizienz polizeilicher Arbeit vor Ort: Wenn sie schon nicht überall sein kann, kann sie doch an mehr Orten als denjenigen, wo sie präsent ist, überwachend und schützend oder zumindest straftatenaufklärend tätig bleiben. Dies jedenfalls ist der Anspruch der Videoüberwachung.[10] Und wenn schon die objektive Sicherheitslage nicht stets und überall verbessert wird, so soll wenigstens das Sicherheitsgefühl gepflegt werden. Gegenwärtig jedoch findet die Überwachung allerdings erst punktuell statt und kann keineswegs den Anspruch erheben, flächendeckend eingesetzt zu werden.

2. Die zwei Sphären im geltenden Recht

Die Rechtsordnung vollzieht jene Zweiteilung der Sphären im Grundsatz nach. Sie geht davon aus, dass an die Beobachtung durch Private und diejenige durch öffentliche Stellen unterschiedliche rechtliche Anforderungen zu stellen sind.

Hinsichtlich Maßnahmen Privater gelten – regelmäßig mangels Sonderregelungen – die Anforderungen des § 6b BDSG. Danach ist die Beobachtung zulässig, wenn sie zu einem konkreten berechtigten Zweck durchgeführt wird und keine überwiegenden Belange entgegenstehen. Die Festlegung dieses Zwecks obliegt dem Berechtigten selbst: Er kann im Rahmen seiner Interessen einen solchen Zweck selbst definieren und festlegen. Dabei unterliegt er nur sehr eingeschränkten rechtlichen Grenzen:[11] Sie sind ansatzweise in der Entstehungsgeschichte formuliert worden. Dabei sollen rein kommerzielle Vermarktungsinteressen der Bilder nicht ausreichen. Doch ist auch dies nicht unumstritten. Nicht zur Begrenzung jenes Zwecks geeignet ist hingegen das gesetzliche Merkmal der »Erforderlichkeit«. Hier stellt das Gesetz nicht auf die Erforderlichkeit des Zwecks, sondern der Zweckverfolgung ab. Zweifelhaft kann demnach nicht die Legitimation eines Interesses, sondern allein die Notwendigkeit einer Maßnahme zur Verfolgung eines solchen Interesses sein. Das Interesse muss die Maßnahme rechtfertigen, hingegen nicht selbst gerechtfertigt sein. Ist ein solches Interesse festgelegt, so ist seine Verfolgung im Rahmen des Erforderlichen zulässig, soweit nicht im Einzelfall überwiegende Interessen Betroffener entgegenstehen. Im Rahmen der dadurch notwendigen Abwägung[12] ist demnach das Interesse des Betroffenen nicht der Regel-, sondern der begründungsbedürftige Ausnahmefall. *Die (Zulässigkeit der) Observation ist der Regelfall, deren Unzulässigkeit wegen schutzwürdiger Interessen der Betroffenen der Ausnahmefall.* Dabei kann ein solcher Ausnahmefall regelmäßig nur eintreten, wenn eine Identifikation der Be-

---

[10] Aufschlussreiche Fallstudie dazu bei K. Boers, Polizeiliche Videoüberwachung in Bielefeld, 2004.
[11] Näher dazu Gola/Schomerus, BDSG, 7. A., 2002, § 6b Rn 14 ff., 18.
[12] Dazu Gola/Schomerus aaO., Rn. 19.

troffenen aufgrund der (aufgezeichneten) Observationsergebnisse möglich ist. Aber auch dann ist deren Interesse nicht regelmäßig vorrangig. Die hierzu viel zitierte Leitentscheidung[13] betrifft einen Fall, in welchem jedenfalls von Privaten nicht nur Grundstücke in ihrer eigenen Trägerschaft observiert wurden, sondern darüber hinaus auch Flächen in öffentlicher Trägerschaft in die Beobachtung und Aufzeichnung einbezogen wurden.

Hinsichtlich staatlicher Maßnahmen gelten demgegenüber gesetzliche Sonderregelungen – wie etwa § 29 BremPolG – und nur subsidiär § 6b BDSG. Jene Sonderregelungen gehen davon aus, dass grundsätzlich die Freiheit von Beobachtung gilt; sie ist juristisch der Regelfall. Hingegen sind die Überwachungsmaßnahmen der Ausnahmefall: Sie sind nur zulässig zu gesetzlich näher bestimmten Zwecken an gesetzlich näher bestimmten Orten. Ob diese gesetzlichen Regelungen wirklich hinreichend bestimmt sind, mag man unterschiedlich beurteilen. Hier ist entscheidend ein anderer Umstand: Das soeben für § 6b BDSG beschriebene Regel-Ausnahmeverhältnis ist hier genau umgekehrt: Begründungsbedürftig ist nicht der private Belang der Überwachungsfreiheit, sondern das staatliche Interesse an der Überwachung. Es muss sich in jedem Einzelfall aus dem Gesetz legitimieren.[14] Das gilt erst recht, wenn die Überwachung im Einzelfall die Identifizierung konkreter Personen ermöglicht. Ein solcher in § 29 Abs. 2 BremPolG explizit genannter, in § 29 Abs. 3 i.V.m. Abs. 4 BremPolG zumindest mitgedachter Fall unterliegt zusätzlichen materiell- und formellrechtlichen Voraussetzungen. Dies entspricht der Annahme, dass jedenfalls bei individualisierbarer Aufzeichnung personenbezogene Daten entstehen, deren Erhebung und Verarbeitung einen Grundrechtseingriff darstellt.[15] Durch diese Qualifikation wird demnach ein dogmatisches Instrumentarium abgerufen, welches für die Zulässigkeit von Grundrechtseingriffen mit hohem Anspruch auf Konsens formuliert worden ist.[16]

Festzuhalten bleibt demnach: Das geltende Recht vollzieht die Dichotomie zweier Sphären im Ansatz nach. Während einerseits die öffentlich-rechtlichen Ermächtigungsgrundlagen für staatliche Überwachungen den Regelfall der Freiheit von Beobachtung und den Ausnahmefall der Beobachtung statuieren, verläuft das Regel-Ausnahmeverhältnis nach § 6b BDSG – und damit jedenfalls für private Überwachungen und für solche staatlichen Maßnahmen, für welche keine besondere Ermächtigung vorhanden ist – exakt umgekehrt.

---

[13] BGH, NJW 1995, 1955.
[14] Zur Einhaltung dieser Vorkehrungen sieht etwa § 29 Abs. 3 S. 2–4 BremPolG bestimmte Zuständigkeits-, Verfahrens- und Überprüfungsregeln vor.
[15] S.a dazu näher BWVGH, NVwZ 2004, 498, 499 f. (Nachw.); Gusy, NWVBl 2004, 1, 2; Fischer, VblBW 2001, 90, 91 ff.
[16] Vgl. hier Bethge/Weber-Dürler, VVDStRL 57 (1998), 7/57; zu diesem dogmatischen Instrumentarium etwa Battis/Gusy, Einführung in das Staatsrecht, 4. A., 1999, Rn. 364 ff., 375 ff., 388, 478.

3. Die zwei Sphären: Erklärungsansätze

Die Zulässigkeit öffentlicher und privater Videoüberwachung differenziert danach, wer die Maßnahme durchführt, als grundsätzlich auch danach, wo sie durchgeführt wird. Private schützen private Rechte, der Staat dagegen die Rechte der Allgemeinheit und darüber diejenigen Rechte von Privatpersonen, deren Sicherung ihm durch die Rechtsordnung aufgegeben worden ist. Solche Maßnahmen finden regelmäßig – aber nicht nur – im öffentlichen Raum statt. Darauf stellt der nachfolgende Erklärungsversuch ab.[17]

a) Eine Theorie des öffentlichen Raums ist in Deutschland bislang nur partiell entwickelt. Ausgangspunkt kann der Umstand sein, dass die öffentliche Hand durch die Schaffung von Straßen und Plätzen wesentliche Teile ihres Infrastrukturauftrages[18] – genauer: ihrer Pflicht zur infrastrukturellen Grundversorgung – wahrnimmt. Der so zur Verfügung gestellte Raum ist ein öffentliches Gut und unterliegt damit den für diesen geltenden Gesetzlichkeiten.[19] Zugleich ist er ein Raum der Freiheit. Seine Existenz, seine Öffentlichkeit und seine Nutzbarkeit sind Voraussetzungen vielfältiger Erscheinungsformen der Grundrechtsausübung. Das gilt nicht bloß für das bisweilen diskutierte Grundrecht auf Mobilität. Denn öffentlicher Raum mit seinen Plätzen, Parks und Wäldern ist mehr als der ausschließlich oder überwiegend verkehrszentrierte Straßenraum. Hier geht es nicht allein um Mobilität, sondern wesentlich um Voraussetzungen für die Ausübung ganz unterschiedlicher Freiheitsgarantien. Nahe liegend ist dies etwa für die Freizügigkeitsgarantie sowie etwa auch das Grundrecht auf Naturgenuss (Art. 141 Abs. 2 BayLV). Weitergehend ist die Nutzung öffentlicher Räume auch für einzelne Ausprägungen der Kunst-, der Meinungs- und der Versammlungsfreiheit. Damit ragt der öffentliche Raum auch in die Sphäre der politischen Willensbildung des Volkes hinein und erlangt so Relevanz für die Verwirklichung der Demokratie. Nicht alle, aber doch zahlreiche Ausübungsformen dieser Freiheitsrechte hängen davon ab, dass die Grundrechtsträger den öffentlichen Raum nutzen dürfen.[20] In diesem Sinne ist der öffentliche Raum ein Raum individueller, kommunikativer und sozialer Freiheit. Darüber hinaus kommt ihm aber auch zentrale Bedeutung für die Ausübung der wirtschaftlich relevanten Grundrechte zu. Dabei ist es wohl nur eine Randfrage, ob und unter welchen Voraussetzungen Berufs- oder wirtschaftliche Tätigkeit auch im öffentlichen Raum stattfinden darf.[21] Vielmehr ermöglicht der öffentliche Raum, namentlich die Verkehrsflächen, häufig überhaupt erst wirtschaftliche Tätigkeit auch auf privatem Grund. Zuliefe-

---

[17] Näher entwickelt bei Gusy, VerwA 2001, 344, 348 ff.
[18] Dazu G. Hermes, Staatliche Infrastrukturverantwortung, 1998, insbes. S. 128 ff., 188 ff., 256 ff., 323 ff.
[19] Eingehend C. Gramm, Privatisierung und notwendige Staatsaufgaben, 2001.
[20] Dieser Kontext ist unabhängig von der Frage, ob die Nutzung des öffentlichen Raumes selbst vom Schutzbereich des Grundrechts umfasst wird oder aber nur dessen mitgedachte, wenn auch nicht notwendig mitgarantierte Voraussetzung darstellt. Zum Grundrechtsschutz des Gemeingebrauchs Papier, Recht der öffentlichen Sachen, 3. A., 1998, S. 111.
[21] Nwe bei OVG Hamburg, NJW 1996, 2051, 2052; BayVGH, BayVBl 1996, 665, 666.

rung und Absatz, persönlicher – und nicht bloß medial vermittelter – Kontakt mit Geschäftspartnern und jede Form von Handel sind allein durch Nutzung von Verkehrsflächen möglich.

Alles dies wäre möglicherweise auch anders als durch Schaffung und Erhaltung öffentlicher Räume organisierbar. Doch weisen diese insoweit eine spezifische Besonderheit auf. *Alle Menschen haben das prinzipiell gleiche Recht, den öffentlichen Raum zu benutzen.* Dadurch wird jener Raum grundsätzlich zum Raum der Öffentlichkeit, zum Raum aller. Er ist insoweit nicht nur ein Raum der Freiheit, sondern auch ein solcher der Gleichheit.[22] Doch hat diese Gleichheit des Gemeingebrauchs auch ihre Kehrseite. Wer von einem allen in gleicher Weise garantierten Recht Gebrauch macht, muss hinnehmen, dass auch andere dieses tun. Kommunikation und Sozialität setzen Existenz und Handeln der anderen voraus. Den anderen ist in gleicher Weise das Recht garantiert, den öffentlichen Raum zu nutzen und zum Medium bzw. zur Voraussetzung ihrer Freiheitsausübung zu machen. Ob sie diese Räume nutzen, wann sie es tun und wie sie tun, unterliegt ihrer eigenen Entscheidungs- und Handlungsfreiheit. Damit können sie auch selbst darüber entscheiden, ob und wie sie Dritten begegnen. Ob der öffentliche Raum für mich zum Medium kommunikativer oder sozialer Freiheit wird, hängt nicht nur von meiner eigenen freien Entscheidung ab. Im Gegenteil: Ich muss dort auch andere finden, welche aus eigener freier Entscheidung bereit sind, Kommunikation oder Gemeinschaft mit mir zu pflegen. Auf eine solche Bereitschaft Dritter hat niemand einen Anspruch. Vielmehr ist allen Menschen in prinzipiell gleicher Weise garantiert, dass sie entscheiden, ob und mit wem sie in Kommunikation treten, wen sie in den Bereich ihrer Freiheitsausübung einbeziehen und wen sie ausgrenzen. Ebenso wie ich selbst meinen Lebensentwurf in die Öffentlichkeit einbringen darf, dürfen andere dies auch. Insbesondere sind sie in gleicher Weise wie ich berechtigt, ihren von meinem abweichenden Lebensentwurf zum Inhalt ihres Lebens in der Öffentlichkeit zu machen.

Dadurch wird der *öffentliche Raum nicht nur zum Raum der Kommunikation und der Begegnung, sondern auch zum Raum der Zumutung*. Er ist derjenige Raum, in welchem jeder Anwesende hinnehmen muss, dass er abweichende Lebensformen und Formen der Freiheitsausübung zur Kenntnis erhält. Diese kann er nicht einfach aus seinem Gesichtskreis verbannen, weil die anderen dasselbe Recht auf Anwesenheit und Freiheit haben wie er selbst. Er kann sie allenfalls ignorieren oder ihnen ausweichen, indem er bestimmte öffentliche Räume meidet und dadurch von seinem eigenen Nutzungsrecht keinen Gebrauch macht. Wo dies nicht möglich ist, etwa wegen zu hoher Verdichtung der Raumnutzung in den Innenstädten oder mangels Alternativen, muss sich jeder, der Freiheit in der Öffentlichkeit ausüben kann, die Freiheitsausübung anderer zumuten lassen. Hier ist der Ort, an dem unterschiedliche – oder im wahrsten Sinne des Wortes »alter-

---

[22] Das gilt jedenfalls so lange, wie nicht einzelnen Nutzern besondere Rechte eingeräumt worden sind. Dies ist namentlich bei den Sondernutzungen an öffentlichen Sachen der Fall. Dazu Papier a.a.O., S. 119 ff. Insoweit gelten die im Text folgenden Ausführungen grundsätzlich nur für den Gemeingebrauch und sind daher keine Allsätze, sondern Tendenzaussagen.

native« – Freiheitskonzepte und Lebensentwürfe aufeinander treffen. Dort muss man zur Kenntnis nehmen, was man sonst nicht zur Kenntnis nehmen möchte und günstigstenfalls auch nicht zur Kenntnis zu nehmen braucht. Das gilt aber nicht nur für die Freiheitskonzepte anderer Menschen. Es gilt auch für die Folgen politischer, wirtschaftlicher oder sozialer Entwicklungen, wenn etwa auf den Straßen Erscheinungsformen von Not und Obdachlosigkeit erkennbar sind. Solchen sichtbaren Folgen individueller und kollektiver Entwicklungen und Entscheidungen kann man im öffentlichen Raum nahezu nicht ausweichen. Hier hat der öffentliche Raum nicht nur eine soziale oder sozialstaatliche Dimension, indem er die Folgen wirtschaftlicher Missstände, Not und Elend sichtbar macht. Er erlangt auch eine politische Dimension, indem er Folgen politischer Entwicklungen, die auch durch Entscheidungen der Bürger legitimiert wurden, sichtbar macht. *Der öffentliche Raum ist derjenige Raum, in welchem den Einzelnen nicht nur die Wahrnehmung der Folgen von Freiheitsausübung anderer, sondern – vielfach vermittelt – auch die Wahrnehmung der Folgen eigenen Handelns zugemutet werden.* Diese Zumutung ist Folge des gleichen Rechts aller Menschen auf den und im öffentlichen Raum. Hier konkurrieren und kollidieren also nicht Recht und »Unrecht«, sondern Recht und Recht.

b) Hingegen zeichnet sich der *nichtöffentliche Raum* regelmäßig nicht durch jene Symmetrie der Rechte aus. Dort sind die Rechte zumeist nicht gleich, sondern ungleich. Diese Konstellation folgt aus der Tatsache, dass Eigentümer, Inhaber besonderer Nutzungsrechte oder des sog. »Hausrechts« besondere Rechte aufweisen. Diese Berechtigten werden hier mit der Sammelbezeichnung »*Betreiber*« (von Shoppingmalls, Einkaufspassagen, Kaufhäusern, Bahnhöfen, U-Bahn-Stationen usw.) benannt. Die Rechte jener Betreiber gehen denjenigen sonstiger Nutzer vor. Letztere dürfen die Grundstücke oder Gebäude nur betreten oder nur in jenem Umfang nutzen, den die primär Berechtigten zulassen. Damit sind die Nutzungsrechte nicht symmetrisch, sondern asymmetrisch: Sie sind geprägt durch Vorrang und Nachrang. Das Recht des einen ist nicht unabhängig von den Rechten der anderen. Vielmehr ist es von der Ausübung des Rechts der Betreiber abhängig. Dieser Umstand begründet und begrenzt die einzelnen Nutzungsrechte. Bestehen Nutzungsrechte Außenstehender nur im Rahmen der Gestattung durch Eigentümer oder sonstige Berechtigte, so ist jedes Handeln ohne deren (mutmaßliche) Einwilligung eine rechtswidrige Handlung. Diese lässt sich beschreiben als ein rechtswidriger Angriff auf die Rechtsstellung von Eigentümern oder Betreibern. In dieser Konstellation kann es eine echte Konkurrenz zwischen den Nutzungsrechten von Eigentümern einerseits und sonstigen Nutzern andererseits eigentlich gar nicht geben. Denn die Eigentümer sind dinglich oder schuldrechtlich berechtigt, die Nutzungsrechte Dritter so einzuschränken oder gar ganz auszuschließen, dass ein Konkurrenzverhältnis jedenfalls ausgeschlossen werden kann. Ganz ähnlich verhält es sich mit der Kollision von Benutzungsrechten. Sind derartige Rechte Dritter – der Besucher, Kunden oder sonstiger Personen – rechtlich von den Nutzungsrechten der Eigentümer oder Betreiber abgeleitet, so kann es eine Konkurrenz bei der Nutzung nur insoweit geben, als die Betreiber dies erlauben. Insoweit ist auch die Konkurrenzsituation asymmetrisch:

Sie kann von vornherein ausgeschlossen bzw. – im Rahmen geltender Bestimmungen bzw. Verträge – auch nachträglich beschränkt werden. Dementsprechend unterscheidet sich das Nutzungsregime des öffentlichen Raumes von demjenigen des nichtöffentlichen Raumes in einem zentralen Punkt. Der öffentliche Raum kennt die prinzipielle Gleichheit der Nutzungsrechte mit den daraus entstehenden Risiken der Konkurrenz bzw. der Kollision von Nutzungsrechten. *Der nichtöffentliche Raum kennt eher die Ungleichheit der Rechtspositionen zwischen Betreibern und sonstigen Nutzern* und damit keine lineare Konkurrenz der Nutzungsrechte. Im Falle von Konflikten kollidieren hier nicht gleiche, sondern ungleiche Rechte. Tendenziell entsteht hier eher als im öffentlichen Raum die Kollision von Recht und »Unrecht«.

c) Welche Rückschlüsse lassen sich aus diesen Beobachtungen für die Erklärung der dargestellten unterschiedlichen rechtlichen Regeln[23] hinsichtlich Zulässigkeit und Grenzen der Videoüberwachung ziehen?

Der *öffentliche Raum* ist der Raum gleicher individueller Freiheit. Sie ist der Ausgangspunkt der Benutzungsrechte aller Menschen. Aber sie vollzieht sich allerdings unter den Bedingungen der Öffentlichkeit. Hier sind die Einzelnen nicht in ihrer Privatsphäre und auch nicht räumlich von anderen Menschen isoliert. Im Gegenteil: Wer sich in die Öffentlichkeit bzw. in öffentliche Räume begibt, muss dort mit den Bedingungen der Öffentlichkeit rechnen. Teilnahme am öffentlichen Verkehr kann es nur unter jenen Bedingungen geben. Auf Straßen und Plätzen kann man nicht in voller Anonymität und Unbeobachtetheit agieren. Im Gegenteil: Wer sich in voller Öffentlichkeit in öffentliche Räume begibt, kann nicht nur deren Vorteile nutzen, sondern muss auch die Nachteile hinnehmen. Dies folgt bereits aus der gleichen Rechtsstellung aller Teilnehmer: Wer selbst in der Öffentlichkeit eigene Wahrnehmungen machen, Meinungen bilden oder überprüfen kann, muss damit rechnen, dass andere Gleiches tun. Dieses gleiche Recht ist allen Menschen in der Öffentlichkeit durch Art. 5 Abs. 1 GG garantiert. Hierbei handelt es sich um eine Ausübungsbedingung von Grundrechten. Konkret bedeutet dies: Wer in der Öffentlichkeit agiert, muss damit rechnen, dort von anderen gesehen und ggf. sogar beobachtet zu werden. Er muss darüber hinaus damit rechnen, sogar fotografiert oder gefilmt zu werden. Wenn Passanten oder Unternehmen in der Öffentlichkeit Fotoaufnahmen machen, genießt niemand dort das Recht, davon ausgespart oder freigehalten zu werden. Das gilt grundsätzlich nicht nur für privates, sondern auch für staatliches Filmen und Fotografieren.[24] Dies soll umgekehrt nicht heißen, dass im öffentlichen Bereich alles zulässig wäre und der Einzelne dort gar keinen Schutz vor Eingriffen in seine Persönlichkeitssphäre genießen würde. So besteht rechtlicher Schutz etwa gegen die Veröffentlichung (nicht: Anfertigung) von porträtähnlichen Aufnahmen (§ 22f KUG), nicht hingegen gegen Bildaufnahmen als Beiwerk oder als bloße Passanten in der Öffentlichkeit. Ein rechtlicher Schutz besteht auch gegen planmä-

---

[23] S.o. II 1, 2.
[24] Hierzu bedarf es auch der Figur des »Grundrechtsverzichts« nicht: Die Teilnahme an der Öffentlichkeit und das Agieren in der Öffentlichkeit schließen einen Schutz vor den Bedingungen der Öffentlichkeit aus.

ßiges anhaltendes Ausspähen, Verfolgen und Observieren einer Person durch Dritte[25] in der Öffentlichkeit und gewiss auch gegen flächendeckende personenbezogene Überwachung, welche keine Bewegung ausspart und so nicht nur das Herstellen von Bewegungsbildern,[26] sondern auch das Ausspähen weiterer, nichtöffentlicher Lebensgewohnheiten ermöglicht. Solche und andere Regelungen bestätigen den Grundsatz: Es gibt unter den Bedingungen der Öffentlichkeit keinen Grundrechtsschutz der Privatsphäre, wohl aber einen grundsätzlichen Schutz gegen planmäßiges, anhaltendes und ausspähendes Verhalten anderer, seien es private oder staatliche Stellen. Das heißt: Hier lässt sich ein grundsätzlicher Vorrang der individuellen Rechte auf Freiheit von planmäßiger Beobachtung begründen, der allerdings durch weit reichende Ausnahmen infolge der Öffentlichkeit des Handlungsortes eingeschränkt wird.

In nichtöffentlichen Räumen stellt sich diese Situation prinzipiell anders dar. Hier sind die Nutzungsrecht nicht symmetrisch, sondern asymmetrisch. Wer sich dort Zutritt verschafft und nicht zugleich Eigentümer oder Betreiber ist, kann diesen nur mit ausdrücklicher oder stillschweigender Zustimmung des Berechtigten erlangen oder aber illegal unter Umgehung von Zutritts- oder Sicherheitsbedingungen erreichen. Dabei ist der Eigentümer bzw. Betreiber berechtigt, Zutrittsbedingungen zu formulieren und ggf. durchzusetzen. Dazu kann auch das Recht zählen, Personen, die sich in jenen Räumen aufhalten, zu beobachten und zu überwachen, sofern dies für die Einhaltung oder Durchsetzung der Benutzungsbedingungen notwendig erscheint.[27] Dies kann jedenfalls dann gelten, wenn die Betroffenen ausdrücklich oder konkludent in das Stattfinden von Überwachungsmaßnahmen eingewilligt haben, wenn sie Zutritt erlangten und dabei über das Stattfinden der Überwachung informiert wurden. Dadurch lässt sich jedenfalls ein prinzipieller Vorrang der Überwachungsmaßnahmen gegenüber kollidierenden Rechten der Benutzer auf Freiheit von personalen oder elektronischen Überwachungsmaßnahmen herleiten. Das kann aber nur dann gelten, wenn nicht im Einzelfall besondere Rechte entgegenstehen.

d) Abschließend kann festgehalten werden:
- Die unterschiedlichen Regelungsregimes zur Zulässigkeit der Videoüberwachung lassen sich namentlich aus dem unterschiedlichen Charakter der Räume, in welchen sie typischerweiser stattfinden, erklären.
- Doch ist gleichzeitig festzuhalten: Beide unterschiedlichen Rechtsregimes bedürfen der näheren gesetzlichen Ausgestaltung. Diese soll hier für das öffentliche Recht näher verfolgt und dargelegt werden.

---

[25] BGH, JZ 2004, 622 (Nachw.).
[26] Zu Voraussetzungen und Problemen der Herstellung von Bewegungsbildern B. Gercke, Bewegungsprofile anhand von Mobilfunkdaten im Strafverfahren, 2002.
[27] Dieses Recht wird nicht selten aus dem Hausrecht hergeleitet. Über dessen Voraussetzungen und Ausübungsbedingungen scheinen allerdings noch erhebliche Unsicherheiten zu bestehen. S. dazu etwa Ziegler, DuD 2003, 337.

III. Ein Beispiel: Zulässigkeit und Grenzen polizeilicher Videoüberwachung

1. Die Vorfrage: Grundrechtseingriffe durch Videoüberwachung im öffentlichen Raum

Die Zielsetzungen der Überwachungsmaßnahmen sind überaus vielfältig. Am Anfang stand die Kosteneinsparung: Die teuren Überwachungsanlagen sollten noch teurere Polizeibeamte vor Ort ersetzen und dadurch den explodierenden Personalkosten namentlich in den Landeshaushalten entgegenwirken. Hinzu tritt das Ziel einer besseren Steuerung des polizeilichen Einsatzverhaltens durch Informationsvermehrung und -optimierung. Je mehr sich die Polizei – schon aus Personalmangel – aus der Fläche zurückzieht, umso stärker ist sie auf Informationsvermittlung durch technische Hilfsmittel angewiesen. Hierzu kann die offene Videoüberwachung einen Beitrag leisten. Ein weiteres Ziel ist die Schaffung bzw. Erhaltung von Beweismitteln im Strafverfahren, namentlich durch Aufzeichnung der mit den Kameras gefertigten Bilder. Dies setzt allerdings regelmäßig voraus, dass die abgebildeten Personen auch individualisierbar und erkennbar sind. Als weiteres Ziel kommt auch noch die Abschreckung potenzieller Täter oder Verantwortlicher durch offenes Vorzeigen der Überwachungseinrichtungen hinzu. Die überwachten Personen sollen aus dem Schutz einer tatsächlichen oder vermeintlichen Anonymität herausgeholt und erkennbar gemacht werden. Die Antizipation späterer Strafverfolgung soll dabei abschreckend wirken.

So heterogen die Zielrichtungen, so unterschiedlich sind auch die von der Überwachung ausgehenden Grundrechtseingriffe. Hier kommt zunächst ein Eingriff in das Grundrecht auf informationelle Selbstbestimmung schon durch die Bildaufnahmen in Betracht, wenn auf den Videos einzelne Personen erkennbar sind oder erkennbar gemacht werden können. Auf diese Weise erlangt schon die Aufnahme ihren Personenbezug, der zugleich den Eingriff in die Grundrechtsposition individualisierbarer Grundrechtsträger indiziert.

So unterschiedlich die Zielsetzungen, so heterogen können auch die von der Überwachung ausgehenden Grundrechtseingriffe sein. Hier kommt zunächst ein Eingriff in das Recht auf informationelle Selbstbestimmung bzw. das Recht am eigenen Bild in Betracht. Das gilt zwar nicht für alle Formen der Videoüberwachung, wohl aber dann, wenn auf den Bildern einzelne Personen erkennbar sind oder zumindest erkennbar gemacht werden können. Hierdurch erlangt schon die Aufnahme ihren Personenbezug, der zugleich einen Eingriff in die Rechtssphäre individualisierbarer Personen indiziert. Darüber hinaus geht der Eingriff durch die Möglichkeit der Verarbeitung personenbezogener Daten nach der Aufnahme. Die Rechte zur Speicherung, zum Abgleich, zur Weitergabe und zu sonstigen Formen der Verarbeitung begründen zusätzliche Eingriffseffekte. Denn die genannten Rechte richten sich nicht nur gegen die Aufnahme, sondern auch die Nutzung personenbezogener Informationen. Zugleich wirken die Nutzungsmöglichkeiten auch auf die Beurteilung der Informationserhebung zurück. Je intensiver die Verarbeitungsmöglichkeiten, desto schwerer ist schon der Grundrechtseingriff durch die Aufnahme selbst.

Darüber hinaus können sich Eingriffe aber auch in andere Grundrechtsgarantien ergeben. Wer sich beobachtet fühlt, wird sich bisweilen anders verhalten als derjenige, der sich unbeobachtet glaubt und daher anonym handeln kann. Schon das Wissen um das Stattfinden von Überwachungsmaßnahmen hat dann einen gewissen Einschüchterungseffekt. Dieser ist eine unmittelbare Folge des schon genannten Abschreckungsziels von Überwachungsmaßnahmen. Auch wenn man in der Öffentlichkeit kein Recht auf Anonymität hat,[28] so verstärkt sich die Einschüchterung jedenfalls dann, wenn die Überwachungsmaßnahmen als exzessiv erscheinen und dazu geeignet oder gar bestimmt sind, die Ausübung einzelner Freiheiten zu behindern oder gar zu verhindern. Solche Fragestellungen sind bislang am ehesten zu Art. 8 Abs. 1 GG diskutiert worden,[29] können aber auch hinsichtlich anderer Grundrechtsgarantien (etwa: Art. 5, 11 GG) Bedeutung erlangen.

2. Ein wichtiges Urteil

Die viel diskutierte Frage der Zulässigkeit grundrechtseingreifender Videoüberwachung[30] ist jüngst durch ein wichtiges Urteil an zahlreichen Stellen beantwortet, an anderen jedenfalls wesentlich vertieft worden.[31]

Ausgangspunkt ist die Prüfung der gesetzlichen Handlungsermächtigung. Hier qualifiziert der Senat die Videoüberwachung als Maßnahme der Gefahrenvorsorge und damit als *Teil der präventivpolizeilichen Aufgaben* im neueren Sinne.[32] Daran ändere auch ein möglicher repressiver Nebenzweck der Verwendung von Aufzeichnungen zur Strafverfolgung im Verdachtsfall nichts. Die Zuordnung der maßgeblichen Aufgabe zum Bereich des Polizeirechts erfordert auch die Heranziehung von Befugnisnormen des Polizeirechts. In diesem Kontext werden sowohl die Beobachtung eines personenbezogenen Vorgangs durch die Kamera als auch die Aufzeichnung der Beobachtungen auf Video als *Eingriff in das Grundrecht* der informationellen Selbstbestimmung qualifiziert.[33] Der erforderliche Personenbezug werde bereits durch den Umstand hergestellt, dass sich – auch bei fehlender Erkennbarkeit einzelner Individuen auf den Aufnahmen – im Nachhinein »detaillierte Informationen mit Personenbezug« gewinnen ließen. Die maßgebliche Eingriffsermächtigung des § 21 Abs. 3 BWPolG[34] erfülle auch die grundgesetzlichen Anforderungen an die formelle und

---

[28] S. o. II 3 c)
[29] BVerfGE 69, 315, 149 ff., 160 ff.; Gusy, in: vMKS, GG I, 4. A., 1999, Art. 8 Rn. 35 f, 44, 46, 70 ff.
[30] Überblick bei Gusy, NWVBl 2004, 1, 2 ff.
[31] BWVGH, NVwZ 2004, 498.
[32] Nach wie vor grundlegend zum Vorsorgebereich E. Weßlau, Vorfeldermittlungen, 1989; sehr detailliert auf dem neuesten Stand Würtenberger/Heckmann/Riggert, Polizeirecht in Baden-Württemberg, 5. A., 2002, Rn. 538 ff.
[33] Dagegen wird der Eingriff in das Recht am eigenen Bild ausdrücklich offen gelassen; s. ebd., S. 500. Auch die Frage nach dem Eingriffscharakter des von der Beobachtung ausgehenden faktischen Überwachungsdrucks in Richtung angepassten Verhaltens wird ebd., S. 500, 506 f., zwar gestellt, aber nicht beantwortet.
[34] »Der Polizeivollzugsdienst und die Ortspolizeibehörden können zur Abwehr von Gefahren, durch die die öffentliche Sicherheit bedroht wird, oder zur Beseitigung von Störungen der öffentlichen Sicherheit die in § 26 Abs. 1 Nr. 2 genannten Orte, soweit sie öffentlich zugängliche Orte sind, offen mittels Bildübertragung beobachten und Bildaufnahmen von Personen anfertigen.«

materielle Verfassungsmäßigkeit. Insbesondere erfülle sie noch die erforderlichen *Bestimmtheitsanforderungen*. Einerseits sei die Verwendung von Generalklauseln durch den Gesetzgeber nicht von vornherein unzulässig. Andererseits seien diejenige Orte, an welchen die Maßnahme zugelassen sei, noch ausreichend beschrieben. Auch werde durch die öffentliche Ankündigung der Videoüberwachung die erforderliche *Kontrollierbarkeit der Exekutive durch die Justiz*[35] noch ausreichend gewahrt. Schließlich sei aber auch der Grundsatz der Verhältnismäßigkeit in allen seinen Teilbereichen ausreichend beachtet. Das gelte schon für den Grundsatz der *Geeignetheit*. Dabei lässt der Gerichtshof ausdrücklich offen, ob der Zweck der Maßnahme in einer generellen Senkung der Kriminalität oder nicht vielmehr nur in der »vorbeugende Bekämpfung von Kriminalität in einem eng umgrenzten örtlichen Bereich« liege. Davon wiederum hänge die Beurteilung des Problems eines möglichen bloßen Verdrängungseffekts ab. Selbst ein solcher Effekt wäre geeignet, die Kriminalität an dem überwachten Ort zu senken; in der zweiten Alternative würde also die Verdrängung die grundsätzliche Eignung der Maßnahme gar nicht in Frage stellen. In der ersten Alternative hingegen sei jedenfalls nicht ausreichend nachgewiesen, dass die Erfolge der Maßnahme sich in einem bloßen Verdrängungseffekt erschöpften. Jedenfalls für einzelne Deliktsgruppen könne nicht mit Sicherheit ausgeschlossen werden, dass allein ein Verdrängungseffekt entstünde. Hinsichtlich der *Erforderlichkeit* gelangt der Senat zu dem Schluss, dass die teurere und daher weniger verfügbare persönliche Präsenz von Polizeibeamten an gefährlichen Orten die Erforderlichkeit der Videoüberwachung jedenfalls nicht ausschließe. Im Rahmen der *Verhältnismäßigkeitsprüfung* habe der Gesetzgeber den ihm zur Verfügung stehenden Gestaltungsspielraum jedenfalls nicht überschritten. Insgesamt sei daher die gesetzliche Eingriffsermächtigung mit dem Grundgesetz vereinbar.

Aber auch die Beurteilung der Einzelmaßnahmen aufgrund des anzuwendenden Rechts weise keine Rechtsfehler auf. Das gelte auch dann, wenn die maßgebliche Norm aufgrund der – wie hier – erheblichen Eingriffswirkung der in ihr zugelassenen Maßnahmen einschränkend auszulegen sei. Hier sei zunächst zu berücksichtigen, dass die Observation an einem – im Vergleich zu anderen Orten derselben Stadt (Mannheim) – nachweisbaren »Kriminalitätsbrennpunkt« stattfinde und keineswegs flächendeckend ausgestaltet sei. Dies folge aus einer »objektiv nachvollziehbaren ortsbezogenen Lagebeurteilung«.[36] Die an diesem Ort begangenen Straftaten müssen danach auch sol-

---

[35] Ob daneben noch die exekutive Vorabkontrolle nach § 12 BWPolG geboten sei, lässt der Senat ausdrücklich offen, neigt aber zu einer verneinenden Antwort; s. ebd., S. 508.

[36] Diese wird sodann eingehend dargestellt und nachvollzogen; s. ebd., S. 504 f. Als maßgeblich werden insbesondere bezeichnet das quantitativ belegte erhöhte Kriminalitätsaufkommen nicht etwa im ganzen Stadtgebiet, sondern gerade an den überwachten Plätzen; nicht ausreichend sei dagegen bloß die überdurchschnittliche Zahl von Polizeieinsätzen, die auch auf andere als kriminalitätsbezogene Ursachen zurückgehen könne. Diese war im Einzelfall über mehrere Jahren hindurch statistisch festgestellt worden und durch eine eigene Nachuntersuchung näher belegt. Ob eine derart intensive Untersuchungs-, Dokumentations- und Nachweispflicht in jedem Fall vorausgesetzt werden muss, lässt sich dem Urteil nicht entnehmen. Mindestanforderung ist aber in jedem Falle das Vorliegen statistisch nachweisbarer erhöhter Straftaten- oder Gefahreneignung des Ortes.

che sein, welche durch eine Videoüberwachung überhaupt reduziert werden können.[37] Für deren Zulässigkeit reicht dabei das Vorliegen einer derartigen Deliktsgruppe an diesem Ort aus. Ob und in welchem Umfang dies durch eine (regelmäßige) Begleitforschung belegt werden muss, ist allerdings umstritten. In zeitlicher Hinsicht sei eine Begrenzung der Videoüberwachung auf einzelne Tage (in der Woche) oder Stunden (am Tage) nur in solchen Fällen notwendig, wenn der Erfolg der Maßnahme zu anderen Zeiten oder Tagen ausgeschlossen sei. Aus diesen Gründen sei die im Einzelfall zu überprüfende Videoüberwachung gleichfalls rechtmäßig.

IV. Eine Folgeerwägung

Eine wichtige faktische Entwicklung soll hier nicht unerwähnt bleiben. Nach neueren Beobachtungen macht der Einsatz der Videoüberwachung durch die Polizei einen wichtigen Wandel durch.[38] Danach finden sich in den Polizeizentralen immer seltener Beamte, welche die Bildschirme anschauen, auf welche die Überwachungskameras ihre Aufnahmen übertragen. Die Bilder werden vielmehr teilweise, überwiegend oder regelmäßig gespeichert, um im Falle späterer Strafanzeigen zur Überführung Verdächtiger verwendet zu werden. Gehen innerhalb eines bestimmten Zeitraums keine Anzeigen ein, werden sie sodann routinemäßig gelöscht.

Eine solche Praxis würde die Beurteilung der Rechtslage erheblich ändern. In solchen Fällen verlöre die Beobachtung ihren präventiven Zweck: Wenn eine Gefahr erkennbar würde, wäre niemand mehr da, um zum Zwecke ihrer Abwehr Einsatzkräfte aussenden oder mobilisieren zu können. Die Überwachung wäre für präventive Zwecke ungeeignet und damit nicht mehr nach den Polizeigesetzen der Länder zu beurteilen. Stattdessen nähme sie repressiv-polizeilichen Charakter an und würde daher nach den Normen des Strafprozessrechts zu beurteilen sein. In diesem Falle wäre eine Überwachung allein unter den Voraussetzungen des § 100c Abs. 1 Nr. 1 StPO zulässig. Eine solche in der Vergangenheit schon im Ausland beobachtete Tendenz würde aber zugleich das austarierte System aus Beobachtung, Schutzmöglichkeit und Duldungspflicht Betroffene gefährden und so dazu führen, dass die Frage nach den Tatbestandsvoraussetzungen und der zulässigen räumlichen Ausdehnung von Überwachungsmaßnahmen neu gestellt und vor allem neu beantwortet werden müsste.

---

[37] In Mannheim war dies etwa für Diebstähle von und aus Fahrzeugen nachweisbar, für Taschendiebstähle dagegen nicht.
[38] Zum Folgenden C. Schewe, Die Abkehr von der Prävention bei der Videoüberwachung?, demnächst in NWVBl.

Anhang

Autoren dieses Bandes

Bertram Zwanziger
geb. 1956; Dr. jur., Richter am Bundesarbeitsgericht.
Abitur in Bremen; Studium der Rechtswissenschaft in Regensburg und Göttingen; Referendariat und 2. Staatsexamen in Bremen/Hamburg; 1986 bis 1991 Rechtsanwalt in Bochum; 1991 bis 2001 Richter am Arbeitsgericht Bremen, unterbrochen durch 2-jährige Abordnung als wissenschaftlicher Mitarbeiter an das Bundesarbeitsgericht Kassel; seit 2001 Richter am Bundesarbeitsgericht in Erfurt.
Diverse Veröffentlichungen in arbeitsrechtlichen Fachzeitschriften; Mitherausgeber und Mitautor »Handbuch Arbeitsrecht«; Mitautor beim »Kommentar zum Kündigungsschutzrecht«; Mitautor beim »Kommentar zum Tarifvertragsgesetz«; Autor eines Kommentars zum »Arbeitsrecht in der Insolvenzordnung«.

Stephan Hobe
geb. 1957 in Bremen; lehrt seit 1997 an der Universität zu Köln und ist dort Inhaber des Lehrstuhls für Völkerrecht, Europarecht, europäisches und internationales Wirtschaftsrecht.
Studium der Rechtswissenschaft in München, Freiburg und Göttingen; Referendariat in Schleswig-Holstein; 1987 LL.M an der McGill University Montreal, Kanada; 1991 Promotion in Kiel; 1990 bis 1992 Tätigkeit bei der Deutschen Agentur für Weltraumangelegenheiten DARA in Bonn; 1992 bis 1996 wissenschaftlicher Assistent am Walther-Schücking-Institut für internationales Recht an der Universität Kiel; 1996 Habilitation; 1997 Universitätsprofessor in Köln; 2000 Ernennung zum Mitdirektor des Rechtszentrums für europäische und internationale Zusammenarbeit (R.I.Z.) an der Universität zu Köln und dort Leiter der Abt. II (Europarecht und Völkerrecht); seit 2001 Direktor des Instituts für Luft- und Weltraumrecht.
Mitglied einer Vielzahl von wissenschaftlichen Vereinigungen, zum Teil auch Mitglied des Direktoriums; Generalberichterstatter des Weltraumausschusses der International Law Association.
Mehr als 100 Veröffentlichungen auf den Gebieten des Völkerrechts, des Europarechts und des deutschen öffentlichen Rechts, darunter: Hobe/Kimmenich, Einführung in das Völkerrecht (8. Auflage 2003) und Europarecht (1. Auflage 2002); Herausgeber der Zeitschrift »Luft- und Weltraumrecht« (ZLW) und der Reihe »Schriften zum Luft- und Weltraumrecht«.

Gunter Widmaier
Prof. Dr. jur., Rechtsanwalt in Karlsruhe. Studium der Rechtswissenschaft in Tübingen und Hamburg, danach über etliche Jahre wissenschaftlicher Assistent des Strafrechtlers Prof. Dr. Horst Schröder in Tübingen und dort Mitwirkung an mehreren Auflagen des StGB-Kommentars »Schönke/Schröder«. Dann Entscheidung für den Anwaltsberuf und zunächst – ab 1971 – Strafverteidiger

in München. Seit 1984 führt er seine Kanzlei auf dem Gebiet der Revision in Strafsachen und zusätzlich des Verfassungsrechts in Karlsruhe als dem Sitz des Bundesverfassungsgerichts und des BGH.
Seit 1986 Lehrauftrag für Straf- und Strafprozessrecht an der Ludwig-Maximilian-Universität München. Dort auch im Jahr 1996 Ernennung zum Honorarprofessor. Seit 1986 Mitglied und seit 1996 Vorsitzender des Strafrechtsausschusses der Bundesrechtsanwaltskammer. Seit 2000 Mitglied der Ständigen Deputation des Deutschen Juristentages.

Hermann Nehlsen
geb. 1936 in Papenburg/Ems; lehrt seit 1973 Deutsche Rechtsgeschichte und Bürgerliches Recht an der Universität München.
Abitur in Bremen 1955; Studium der Rechtswissenschaft in Hamburg, Innsbruck und Freiburg; Referendariat in Bremen; 1965 Promotion in Freiburg; 1971 Habilitation in Göttingen; seit 1973 Professor für Deutsche Rechtsgeschichte und Bürgerliches Recht an der Universität München.
Forschungsschwerpunkte: Geschichte der spätantiken und frühmittelalterlichen Rechtsquellen, Entstehung des öffentlichen Strafrechts, Rechtsentwicklung der NS-Zeit; Erb- und Familienrecht, Stiftungsrecht.
Zahlreiche Publikationen, u.a. in jüngerer Zeit: Untersuchungen zur Entstehung des öffentlichen Strafrechts.
2001 wurde Hermann Nehlsen wegen seiner Verdienste in der Literaturförderung Ehrensenator der »Deutschen Schiller-Stiftung von 1859, Weimar«, die er lange als Vorstand geleitet hat.

Hans W. Micklitz
Prof. Dr. jur., Inhaber des Lehrstuhles für Privat- und Wirtschaftsrecht an der Universität Bamberg sowie des Jean-Monnet-Lehrstuhles für Europäisches Wirtschaftsrecht.
Studium der Rechtswissenschaften und der Soziologie in Mainz, Lausanne/Genf, Schweiz, Gießen und Hamburg.
Consultancies für die OECD, Paris, UNEP Genf/Nairobi, Kenia, und CI (Consumers International), Den Haag, Niederlande/Penang, Malaysia. Visiting Professor an der University of Michigan, Ann Arbor, Jean-Monnet-Fellow am Europäischen Hochschulinstitut Florenz, Gastprofessor am Somerville College, University of Oxford.
Vorstand des Institutes für Europäisches Wirtschafts- und Verbraucherrecht e.V. Berlin; Vorsitzender des wissenschaftlichen Beirates für Verbraucher- und Ernährungspolitik beim Bundesministerium für Verbraucherschutz, Ernährung und Landwirtschaft.
Zahlreiche Veröffentlichungen im Bereich des Deutschen, Europäischen und Internationalen Wirtschafts- und Verbraucherrechts.

Brun-Otto Bryde
Prof. Dr. jur., seit Januar 2001 Richter des Bundesverfassungsgerichts.
Studium der Rechtswissenschaften und beide Staatsexamina in Hamburg; dort auch Promotion und die erste Tätigkeit als Referent an der Forschungsstelle für Völkerrecht und ausländisches öffentliches Recht; von 1971 bis 1973 Dozent für Wirtschaftsverwaltungs- und Handelsrecht an der Rechtsfakultät in Addis Abeba, Äthiopien, wo er auch als Chefredakteur des »Journal of Ethiopian Law« wirkte. 1973/74 Forschungsaufenthalt an der Yale Law School, USA; von 1974 bis 1982 wissenschaftlicher Oberrat am Institut für Internationale Angelegenheiten des Fachbereichs Rechtswissenschaften I der Universität Hamburg; dort auch 1980 Habilitation für öffentliches Recht, Völkerrecht, Rechtssoziologie und Rechtsvergleichung; von 1982 bis 1989 Prof. für öffentliches Recht an der Fakultät für Wirtschafts- und Organisationswissenschaften der Universität der Bundeswehr München; seit 1987 Prof. für öffentliches Recht und Wissenschaft von der Politik an der Universität Gießen, 1989 und 1994 jeweils unterbrochen durch eine Gastprofessur in den USA.
1992 bis 1998 Vorsitzender der Vereinigung für Rechtssoziologie, daneben im hessischen Verfassungsbeirat; 1997 bis 1999 Mitglied in der »Enquete-Kommission Parlamentsreform« des hessischen Landtages; 2000 bis 2001 Mitglied im Ausschuss für die Beseitigung der Rassendiskriminierung der Vereinten Nationen.

Christoph Gusy
Seit 1993 Universitätsprofessor an der Universität Bielefeld.
1973 bis 1977 Studium der Rechtswissenschaft an der Ruhr-Universität Bochum, dort auch 1979 Promotion; 1983 Habilitation an der Fernuniversität Hagen; 1984 2. Staatsexamen; mehrere Lehrstuhlvertretungen; 1988 Prof. an der Universität Mainz; 1992 Prof. an der Universität Halle/Saale; seit 1993 Universitätsprofessor in Bielefeld, dort seit 1994 Direktor am Institut für Umweltrecht; 1995 bis 1997 Dekan der Fakultät für Rechtswissenschaft. Seit 1998 Prorektor für Finanz- und Personalangelegenheiten; seit 2001 Vertreter des Rektors.
Gastprofessuren an der Universität Paris I (Panthéon Sorbonne (1988)) und an der Universität Robert-Schumann, Straßburg (2000). Forschungsschwerpunkte: neuere Verfassungsgeschichte, Verfassungsrecht, insbesondere die Grundrechte, Polizei- und Sicherheitsrecht sowie öffentliches Wirtschaftsrecht.

Vorträge der Juristischen Gesellschaft e.V. von August 2003 bis Mai 2004

Montag, 25. August 2003
Richter am Bundesarbeitsgericht Dr. Bertram Zwanziger, Erfurt: »Unternehmensverträge, Betriebsaufspaltung und Betriebsübergang«

Dienstag, 30. September 2003
Prof. Dr. Stephan Hobe, Köln: »Das Weltraumrecht – Eine Einführung in eine nahezu unbekannte Rechtsordnung und ihre Probleme«

Dienstag, 28. Oktober 2003
Prof. Dr. Klaus Hänsch, Brüssel: »Die Ergebnisse des Europäischen Verfassungskonvents«
Gemeinschaftsveranstaltung mit dem Senat der Freien Hansestadt Bremen

Freitag, 31. Oktober 2003
Prof. Dr. Gunter Widmaier, Karlsruhe: »Gerechtigkeit: Aufgabe von Justiz und Medien?«
Gemeinschaftsveranstaltung mit dem Verein Deutscher Juristentag

Montag, 24. November 2003
Prof. Dr. Hermann Nehlsen, München: »Juristen als geschichtslose Technokraten?«

Montag, 1. Dezember 2003
Prof. Dr. Ruth Schmidt-Wiegand, Münster: »Das geschriebene Recht in der mittelalterlichen Stadt«
Gemeinschaftsveranstaltung mit der Wittheit zu Bremen

Montag, 26. Januar 2004
Prof. Dr. Spiros Simitis, Frankfurt/Main: »Voraussetzungen und Grenzen für die Einrichtung von Biobanken – Ein Bericht aus der Arbeit des Ethikrates«

Montag, 22. März 2004
Prof. Dr. Hans W. Micklitz, Bamberg: »Neuordnung des Rechts des unlauteren Wettbewerbs«

Dienstag, 27. April 2004
Prof. Dr. Brun-Otto Bryde, Richter des Bundesverfassungsgerichts, Karlsruhe: »Demokratie und Global Governance – Regieren jenseits des Nationalstaates«

Montag, 10. Mai 2004
Prof. Dr. Christoph Gusy, Bielefeld: »Private und öffentliche Videoüberwachung in unseren Städten und informationelle Selbstbestimmung«

Vorstandsmitglieder der Juristischen Gesellschaft Bremen e.V.

Erster Vorsitzender:
Vorsitzender Richter am Oberlandesgericht Karl-Peter Neumann,
Hanseatisches Oberlandesgericht in Bremen

Zweiter Vorsitzender:
Prof. Dr. Gert Brüggemeier, Universität Bremen,
Zentrum für Europäische Rechtspolitik

Rechnungs- und Schriftführer:
Rechtsanwalt Dr. Gerhard Liening,
RAe. Dr. Schackow & Partner, Bremen

Prof. Dr. Thomas Giegerich,
Universität Bremen

Richterin Cornelia Holsten,
Landgericht Bremen

Rechtsanwältin Edith Kindermann,
Rechtsanwälte Dr. Lüthke, Kleinschmidt & Partner, Bremen

Senatsrat a.D. Peter A. Reischauer,
Senatskanzlei der Freien Hansestadt Bremen

Beiratsmitglieder der Juristischen Gesellschaft Bremen e.V.

Rechtsanwalt und Notar Axel Adamietz,
Präsident der Bremer Notarkammer

Präsident des Oberlandesgerichts Dr. Jörg Bewersdorf
Hanseatisches Oberlandesgericht in Bremen

Prof. Dr. Ulrich Ehricke,
Universität zu Köln, Juristische Fakultät

Staatsrat a.D. Richter am Oberverwaltungsgericht Michael Göbel,
Oberverwaltungsgericht Bremen

Generalstaatsanwältin Prof. Dr. Kirsten Graalmann-Scheerer,
Generalstaatsanwaltschaft Bremen

Prof. Dr. Dieter Hart,
Universität Bremen, Institut für Gesundheits- und Medizinrecht

Rechtsanwalt und Notar Erich Joester,
Präsident der Hanseatischen Rechtsanwaltskammer Bremen

Vizepräsidentin des Landesarbeitsgerichts Sabine Kallmann,
Landesarbeitsgericht Bremen

Rechtsanwalt Volker Kröning, Mitglied des Deutschen Bundestages, Senator a.D.,
Rechtsanwälte Göhmann Wrede Haas, Bremen

Präsidentin des Landessozialgerichts Monika Paulat,
Landessozialgericht Niedersachsen/Bremen

Präsident des Oberverwaltungsgerichts Matthias Stauch,
Oberverwaltungsgericht Bremen

Prof. Dr. Edda Weßlau,
Universität Bremen, Fachbereich Rechtswissenschaft

Senatsrat Dr. Hans Wrobel,
Senator für Justiz und Verfassung der Freien Hansestadt Bremen

Bereits erschienen:

Jahrbuch der Juristischen Gesellschaft Bremen 2000
64 Seiten, 15,90 €
ISBN 3-86108-090-7

Jahrbuch der Juristischen Gesellschaft Bremen 2001
80 Seiten, 15,90 €
ISBN 3-86108-091-5

Jahrbuch der Juristischen Gesellschaft Bremen 2002
93 Seiten, 15,90 €
ISBN 3-86108-092-3

Jahrbuch der Juristischen Gesellschaft Bremen 2003
80 Seiten, 15,90 €
ISBN 3-86108-093-1

Raffiniert gemixt: unsere fondsbasierten Vermögenskonzepte.

Die Sparkasse **Bremen**
Finanzdienstleistung

Suchen Sie nach der Erfolgsrezeptur für Ihr Geld? Wer sein Vermögen geschickt zusammensetzt, hat alle Chancen auf seiner Seite. Profitieren Sie von unseren fondsbasierten Vermögenskonzepten. Gespräch gewünscht? 0421 179-2277. **www.sparkasse-bremen.de/mix**